无剧本出演

王军 著

人民文学出版社

图书在版编目(CIP)数据

无剧本出演 / 王军著. -- 北京 : 人民文学出版社, 2025(2025.11重印).
ISBN 978-7-02-019331-8

Ⅰ. I267.1

中国国家版本馆 CIP 数据核字第 20252A5J36 号

选题策划　脚　印
责任编辑　王　蔚
装帧设计　黄云香
责任印制　苏文强

出版发行　人民文学出版社
社　　址　北京市朝内大街 166 号
邮政编码　100705

印　　刷　三河市中晟雅豪印务有限公司
经　　销　全国新华书店等

字　　数　113 千字
开　　本　850 毫米×1168 毫米　1/32
印　　张　7.125　插页 1
版　　次　2025 年 6 月北京第 1 版
印　　次　2025 年11月第 4 次印刷

书　　号　978-7-02-019331-8
定　　价　52.00 元

序

贾平凹

我和王军是朋友。因我在市文联和省作协都上过班，工作的关系，结识了不少这样的朋友。我敬重他们，而敬重又感到亲切的，首先就是他。

王军主政雁塔区的时候，就提出一个观点：振兴汉唐雄风，还得有汉唐环境。于是，在杜陵植树，改造马腾空垃圾场，修葺雁鸣湖，进而治理荒滩野水，便有了世园会址，便有了浐灞新区，以致后来再去西咸新区。浐灞新区、西咸新区都在他手里起根发苗。

我问他属啥的，他说属猴，我说：生我孙大圣，必有花果山。

王军个子不高，人又瘦，但迟早都是精力旺盛，激情充满。王军不是个小心谨慎的人，他常常有出宏域的远想，高步又多超常伦。王军说话直接，做事敢担当，“其气肃，其势威”，工作之余却兴趣广泛，郊游、骑马，闭门轰饮、下厨擀面。

我曾琢磨：他的视野是怎么广大的？思维为什么那么活跃？干的都是一些有拓荒意义的事，怎么总干得有声有色，而别的人早忙得焦头烂额，他却还轻轻松松？后来多次去见他，他不是在读书，就是在喝茶，在座的三人五人，尽是些国内外经济界、社科界、文学界的知名人物。山知道山高，水知道水长，他们相谈甚欢，那一刻，我能看到他身上有光。

和王军接触得越多，就感觉他是个学者，若不从政，在某所大学，某个研究院，肯定在文史哲方面有大的建树。

但没有想到的，在退休之后，他竟兴趣了写随笔，且一发不可收拾，这就是《无剧本出演》。这本书里都是他经历记录，不虚构，不妄言，没有欺世盗名，没有矫情做作，真实而情感充满。他的笔力硬朗，行文收放自如，其空间感、节奏感以及遣词用句，闲话的运用都颇见功力。这本书我认真读了两个晚上，一方面惊讶着他原来还有这么高的文学写作水平，更感叹着这一篇篇文章后站着一个清正的、智慧的、有趣的人。

过去的苏轼在西湖清淤，韩愈在潮州治鳄，至今留下苏堤和韩江，这是他们"为官一任，造福一方"的政绩，还有的就是得益于他们的文名太盛。而王军官做得并不是多大，也不是文人。《无剧本出演》倒使我们记住了西安在建设发展中，在走过的路上，也曾经有过几棵树，几个石头，几个脚印。

2024年2月

目录

壹 机关干部

下马威 ... 003
写材料 ... 004
部长老左 ... 006
寇老 ... 008
干事老赵 ... 010
上海王伟 ... 011
办公室主任老刘 ... 012

贰 印象嶶峪

嶶峪 ... 017
大灶 ... 019
周至费干部 ... 021
山民老杨 ... 023

光棍老黄 ... 024
金银台 ... 025

叁　雨润万物

我眼中的安启元同志 ... 029
白纪年 ... 035
王双锡 ... 036
秘书王中新 ... 037
在北京 ... 039
老红军 ... 040

肆　雁鸣啁啾

区里新来的年轻人 ... 045
清风正气 ... 048
敬酒 ... 052
开墙透绿 ... 054
雁翔路 ... 058
杜陵万亩森林 ... 060
就认推土机 ... 062
雁鸣湖 ... 064

种树看作风 ... 066
人质 ... 069
张美丽 ... 071
菜农张社教 ... 075
风波 ... 077
大自然不亏人 ... 080
终点变起点 ... 081
月登阁记事 ... 082
“恶霸区” ... 088
组建浐灞 ... 090

伍 藏晖

与许倬云先生漫谈 ... 095
布莱顿饺子 ... 105
访美杂记 ... 107
骑马 ... 111
蓝鹰与蓝鹊 ... 114
《白鹿原》和崔健 ... 115
藏晖 ... 117
人才 ... 120

倾国倾城 ... 121
吴天明 ... 123
哂然一笑 ... 124

陆　虎驮灞上

广运潭 ... 129
桃花潭 ... 131
选择出来的“浐灞流派” ... 133
虎驮灞上 ... 136
顺陵 ... 138
听松 ... 140
青玉案 ... 142
风景费 ... 143

柒　《爷们儿》

孙继海 ... 147
乌龙世界波 ... 148
鹿血 ... 150
《爷们儿》 ... 152
姚明和德雷克斯勒 ... 154

伍绍祖 ... 156
田亮，作为“添头”的奥运冠军 ... 158

捌　灞柳长歌

送你一个长安 ... 161
陕西粘面 ... 164
做菜如做人，地道就好 ... 166
土豆烧牛肉 ... 168
大闸蟹 ... 170
佩服 ... 172
星云法师 ... 174
蒋孝严先生 ... 175
朱楚珠教授 ... 177
赵鼎新教授 ... 178
平凹画马 ... 180
幸福指数 ... 182
溪山之憾 ... 184
金陵记游 ... 187
姚广孝塔 ... 188
铜川印象 ... 189

陈经济的“经济” ... 190
节约 ... 191
超车 ... 192
任哲中 ... 193
进步的本质 ... 194
热情的哲学　冷峻的诗 ... 196
上半场的结束是下半场的开始 ... 205

后记 ... 211

壹

机关干部

1982年8月西北大学中文系毕业，分配至西安市委宣传部，先后任干事、办公室副主任、调研处处长。

下马威

1982年夏天，我从西北大学中文系毕业，和实习的报社联系好，希望做个体育记者。没想到一进宣传口，就被留到了西安市委宣传部，从此开始了我的干部职业生涯。

到宣传部没几天，就接受了第一项工作，起草一篇市委领导讲话。我找资料，看范文，吭哧吭哧整了两天两夜，熬出洋洋洒洒五千言，抄整齐呈给处长。十分钟后，处长就把稿子退回来，笑着说："看看中文系水平。"十八页稿子，打了十八个大红叉，只保留了讲话标题，还有"同志们"仨字和后边的冒号。

写材料

在宣传部写材料是个苦差事。宣传部材料大致分领导讲话、理论文章、调研报告和情况反映几大类。有句行话形容写材料："喝酽茶，尿黄尿，费电熬眼，耽搁睡觉。"有时任务急，晚上布置早上就要，有些有参考资料还好，有些是无米之炊，俩眼瞪到快天明，一个字也写不出。当时就胡思乱想，要来场地震或者火灾就好了，我第一个去救，就把写不出材料这事糊弄过去了。

刚开始，老干事赵天锡带着我，他说，我写，他改，我再抄。下班没弄完，晚上接着弄。到十一二点，又困又饿，老赵像变戏法一样，拿出一小包腊羊肉或半只烧鸡，一人一块，马上人就精神了。

没几年，我成了老手，当了调研处长，学着老赵的样子带年轻人。我说，你写，我改，你抄。下班没弄完，晚上接着弄。变戏法，吃烧鸡……有时带俩年轻人小牛、小惠，同时开两桌，大办公室一人坐一头，两份材料同时开整。我这边说说，他们那边改改，一个通宵就整出两篇五六千字文章。

有一年，我经手的调研报告和情况反映被中宣部采用十三篇，列全国第一。调研报告《电视与中学生》被《新华文摘》全文刊登。

部长老左

老左不“左”，姓左。

1982 年，我刚到市委宣传部那会儿，左茂林是主持工作的副部长，中间短暂担任了一段市委研究室主任，又回到宣传部当部长，是我干部生涯第一个单位领导，也是带我时间最长的上司。那时不兴叫官衔，老同志直接叫“茂林”，年轻人就叫“老左”，据说是从团中央胡耀邦那儿传下来的风气。六十年代，团省委惠庶昌升任团中央书记处书记，管宣传，从陕西带俩笔杆子进京——写外参（通讯报道）的何金铭,写内参的左茂林。有次我陪老左接待“三胡”之一的胡克实，老左就是直呼其名“克实”。

老左工作较真，爱批评人，本来脸就黑，一批评人脸就更黑。他很重视写材料，用干部不看亲疏，只看材料写得咋样。每次改完我写的材料，还要把我叫到办公室，把他修改的部分一句句念给我，让我把先后几稿改动部分整理出来，还要问我为什么要这样改。我要是写出了他满意的材料，他也黑着脸，转过身就到处给人讲，王军这年轻人有见解。

老左也不总是黑脸，午休时间组织大家打扑克拱猪，一赢他就很大声笑。但较真还是照旧，亲自算分记账，一丝不苟,谁被拱成猪,他就在谁名字上（当然也包括他自己）画一头猪，三笔两笔，很传神。年底部里联欢，都有一个保留节目，由我（老左任命的“猪协”秘书长）来宣布全年拱猪成绩，并颁发奖项若干。

寇老

文艺处副处长老寇，四十来岁，因头发稀少且白发苍苍，人称“寇老”。寇老出身西安世家，年轻时追求进步，娶了纺织女工（五十年代倡导与工农结合）。夫人家教甚严，让他戒烟，他说：“你看我也没啥毛病，就抽个纸烟你还弹嫌。幸亏这是解放后，放解放前搞不好还抽大烟哩。”

有一天他值班，我在值班室看报。他接到一个电话：“找左部长。”——“左部长不在。”——“到哪儿去了？”——“我出去要给部长请假，部长出去不给我请假。”——“我是董继昌！”——“这是宣传部，不是种鸡场。”——“我是市委董书记！你是谁？到我这儿来一下。”寇老一下傻眼了，“坏了，坏了，董书记叫我哩。”说着一路小跑着去后楼。

过了一会儿他回来了，手里夹根中华烟，耳朵上还别一根。我问：“挨戳了？”“木有，我推个门缝缝，探头进去，董书记说，你是谁？谁叫你来的？我说，我是宣传部值班的,你叫我来的。书记看我像是比他还老,就把我饶了。说，来来来，吃烟，吃烟。”

干事老赵

我 1982 年刚到市委宣传部当干事，工资五十八块五，每月存十五块准备娶媳妇儿用，剩下的还得省着花。大我二十多岁的老干事赵天锡工资七十二块，两口子加起来每月也就一百来块，三个儿子站一起像一堵墙。我说：“这点钱咋养的仨小伙子？”老赵操着一口洛阳话：“一个礼拜一只羊……”看我吃惊的样子，他才抖出包袱，“羊……架子。”“周末下班菜市扒堆（处理的菜论堆卖），剔得干干净净的羊骨架五毛钱一副，大锅一煮，掌点粉丝，掌点蒜苗，掌点味精，一人俩大蒸馍——往汤里一泡——羊肉泡馍。”我问：“礼拜天吃好了，平常咋办？”“礼拜一，打断一条（羊）腿，又是一锅汤，掌点粉丝，掌点蒜苗，掌点味精，一人俩大蒸馍；礼拜二，再打断一条腿，掌点粉丝……”四条羊腿次第打断，这一周就差不多天天吃羊肉泡了。

上海王伟

1988年秋，中宣部在宁波开会，我从上海转车，上海市委宣传部办公室主任王伟接站。

他安排我在市委机关食堂吃客饭，米饭是在格子里蒸的，一块钱二两，另一荤一素一汤，可口。王伟陪着说话，看着我吃完。安排住在康平路招待所，老式洋楼木地板，房间住八个人。安排妥当，王伟一再叮嘱明早五点起床，在哪乘哪路公交到北站下车。早上五点，大门还锁着，我只好翻门出去，一下地，看门口蹲个人，吓我一跳。王伟怕我路不熟，早早赶来送我上车。

既讲规矩又充满人情味的接待。

二十年后，我俩再次见面。聊天中知道，他父亲是三十年代西安火车站第一任站长，而我爷爷当时是修建西安火车站的工程师。

办公室主任老刘

我刚到宣传部工作时，办公室主任是五十多岁的老刘。老刘五十年代就担任市委领导的秘书，在南院门市委大院工作了三十多年。他工作严谨，从未出过错。为人端方，同事之间，上下级之间，丁是丁，卯是卯，直来直去，一视同仁。我和他共事几年，从没见他笑过，而且只谈工作，很少谈私事。记忆中唯一一次聊天，就是他告诫我，同事是同事，朋友是朋友，朋友可以“狗皮袜子——没反正”，同事之间只能讲规矩，讲原则。

老刘家在农村，他几十年都住办公室，从来没有申请分房。他老婆进城看病，他在办公室打地铺，让老婆睡单人床。老刘对自己要求严，对老婆更苛刻：说话不可大声，平时不能出办公室，晚饭后只能在办公楼后院转转，不能到前院，主要怕影响别人。

有天晚上，老刘老婆起夜上厕所，怕影响老刘睡觉，蹑手蹑脚出来，顺手把门闭上。可怜农村老太太没用过暗锁，不小心咔嗒一下把门给锁住了。上完厕所回来，推门推不开，不敢敲门，也不敢叫门，硬是在门口等到天亮。

临近退休，老刘终于在兴庆小区分上了房，我去帮忙搬家，才第一次看见老刘的笑脸。老刘老婆悄悄说："这么大的房子，连个说话的人都没有，我还是想回俺村。"

住上新房没多久，老刘老婆就去世了。我去帮忙办后事，老刘抚摸老婆额头，眼镜片上一片雾气，"噢"地号了一嗓子："唉，老婆子福薄命浅，享不了城里人的福呀！"

贰

印象崁峪

1985 年冬到 1987 年秋，我在秦岭山区的周至县就峪乡挂职乡党委副书记。

嵬峪

嵬峪，位于道教圣地楼观台西侧，因老子李耳葬于此地而著名。

我八十年代曾在嵬峪乡工作过。峪内有前嵬峪、后嵬峪、王母岭三个自然村，山势奇雄，溪流秀美，杂花生树，小桥流水人家。峪口因有驻军，营区约一公里内树木参天，林草茂盛。而越往深处，越显地薄林稀。由于垦殖过度，加上做饭取暖全靠砍树烧柴，当时还鼓励种杂果、发木耳，次生林更是破坏殆尽。我曾上书建议，通过行政加经济手段，鼓励人退林进。皆以为书生之见，被束之高阁。

三十八年过去，重访嵬峪。由于实施退耕还林、并村移民、美丽乡村计划，山林植被渐渐恢复，山民减少而游客增多，令人欣喜。

喜上加“嘻”的是，清静无为的道教圣地楼观台对面，堂堂皇皇地建了大规模仿古建筑群——赵公元帅财神庙，大有关公战秦琼的架势，颇具喜感。

还有一个小小的遗憾：嵬峪乡并入楼观镇后，“嵬峪”就变成了“就峪”。随着“嵬”这唯一的古地名的消失，“嵬峪”的文气“就”渐渐远去。

大　灶

乡政府大灶一日三餐，几乎千篇一律。

早上苞谷糁稀饭、蒸馍夹咸菜。当时大田种的政府推广的“户单1号”苞谷，粒小金黄，高产是高产，就是熬苞谷糁不黏，口感稍差。山区人还是爱用老品种“白马牙”，粒大色白，随吃随磨，从苞谷棒子到下锅，一般不超过一周，熬出的苞谷糁又黏又香。有时加上红苕，那才是百吃不厌。

中午有时吃擀面，有时吃扯面，就是“陕西八大怪”中的第一怪，“面条像裤带”那种。中午下班，各人在院里随手摘些野苋菜，洗净放碗里，大师傅用笊篱捞起，随锅一煮，和面条一起盛上，浇上一勺燷葱花（音：拦葱花，指用油煸炒过的葱花），一碟辣子一碟醋，自己调。周六改善一下，燷个肉臊子。

晚上就是把早上和中午的剩饭一锅烩成糁糁面，调上酸汤浆水菜，只不过面条不是扯的，是擀的细面。

大家最喜欢的还是乡上开“三干会”的伙食，乡干部、村组干部济济一堂，买上半扇子猪肉，切成大片红烧，放上萝卜白菜豆腐粉条，大锅烩。“公社烩菜，自带碗筷”，当时公社改乡政府不久，人们还习惯老称呼，人人一手端一大碗烩菜，一手用筷子插上三四个馒头，蹲在地上围成圈，开吃。大烩菜调和面放得重，满巷子都知道公社开会咧。

有时进山下村吃“派饭”，厚道的山民热情招待，喝的是糖茶，就是用红果叶子熬茶，放上红糖，再卧上几个荷包蛋。吃的是豆豉蒸腊肉、野韭菜炒鸡蛋、野蒜拌面条。小孩是不上席的，他们端一碗浆水菜就馒头，眼巴巴看着大人吃，弄得我很不好意思，就说我不爱吃荷包蛋，用荷包蛋换小孩的浆水菜吃。

周至费干部

八十年代，我在周至县就峪乡工作时，坊间有个说法，叫“周至费干部”。这个“费”，就是“好火费炭，好菜费饭，好女费汉”的那个“费”。

那时刚从十年非常时期走出来，一些造反起家的“闹”字号干部还把持着一些岗位，加上周至刚从咸阳地区划归西安市，市上派来的一些干部常常融不进去，歪风邪气盛行，工作局面很难打开。领导干部也不安心，班子频繁调整。

有一位 B 姓县委书记被搞得心力交瘁，以割阑尾为名到西安住院，躲几天清闲。谁知几个“闹”字号也没放过他，追到病房，拿草绳绑个萝卜，说：“B 书记，听说你肠子坏了，我们来看看你。咱周至穷，也没啥好礼行，喈，地里拔了个萝卜，你坐下。”

还有一位 L 姓书记，在西安也算能力强的干部，有文化，爱书法。最早把道教圣地楼观台开发成旅游热点，其中主要的石碑是他题写，后来也被整得灰头土脸——调回西安时，某局长拉住不让上车，说：“L书记，你坐了周至几年车，先把这些年来回的油钱算一下。你走了，咱周至也没啥土特产送你，你把你在楼观刻的碑子背回去当礼物。”

后来，市委下决心刹住周至的歪风邪气，市委副书记孙殿奇率领工作组蹲了大半年，下硬手撤了几个“闹”字号，整顿机关作风，大幅度调整了班子队伍，周至的局面才渐渐走上正轨。

闹得最凶的局长后来跑到北京人民日报社上访，每次想混进门都被站岗武警发现而不得逞。他很纳闷，报社这么多人出来进去也没人管，武警咋偏偏就能认住他？后来他仔细观察，报社的人上下班爱提个暖水壶，下班回家捎一壶开水做饭。他灵机一动，花五块钱买了个暖水壶，提着大摇大摆混了进去。

山民老杨

嵬峪有个姓杨的老汉，是个很讲究的人：藏蓝布衣，手工制作，针脚细密；头帕包法，别出心裁，原创专利；烟袋锅，竹竿铜嘴铜锅皮烟袋，锃亮难掩沧桑岁月。随便一开口都是“木讷”“相跟”“呐喊”“觳觫”这样的文言雅词。

光棍老黄

1986年冬，王母岭村光棍老黄十六岁的闺女被人贩子拐跑了，我走二十里山路去了解情况。

他屋里只有一口吊锅，半桩玉米，比别人家要小一号的土炕上堆着一床破棉被。我很难想象他和他的闺女是怎样共同生活在这小黑屋里，甚至想他闺女离开这里会不会更好。

不知怎样安慰老黄。告别时，我掏出身上仅有的五块钱塞到他手里，转身沿着弯弯的小路下山。走到半坡时，突然看到老黄从山上直线跑下来，横在我面前，捧着一顶装满核桃的破军帽硬塞到我手中。

金银台

李白《梦游天姥吟留别》中“日月照耀金银台”句，常解为日月照耀在一座叫金银台的山上。一日与友人游秦岭，在一个群山环绕的谷底坐井观山：夕阳西下，东山岩壁金光灿灿；夜幕降临，明月当空，岩壁则银装素裹。顿时悟出所谓“金银台”不是一个具体的山名,而是日照为金、月照为银的现象。

叁

雨润万物

1991 年初到 1993 年初，任陕西省委办公厅秘书。

我眼中的安启元同志

2024年春天，万物复苏，百花盛开，而安启元老书记家门口的一棵柏树竟毫无征兆地凋萎了。4月23日傍晚，九十一岁的启元同志永远离开了我们。

我第一时间赶到医院，刚出电梯就看到工作人员正推着启元同志的遗体从病房出来，我搭手将尚有余温且柔软的遗体抬上灵车。望着离去的灵车,往事一幕幕在眼底闪现。

启元同志出生在临潼与渭南交界的零口塬上一个贫苦农民家庭，祖祖辈辈没有读书人。腿有残疾的老父亲断气前留下话："把两台地（塬坡地两层台阶）卖了，让老三读完中学。"靠着倾家荡产，启元同志上了临潼最好的学校华清中学。初中毕业恰逢新中国成立，他靠着政府助学金，读完了高中，又考上了西北大学地质系。

启元同志曾向我讲述过求学的艰难：每个礼拜回家背一次馍。去学校时,花三毛一坐上慢车上县,回家时就步行,省三毛一。

五十年代中期，正是国家用人之际，在西北大学地质系学了不到两年，他们作为新中国第一届地质专业学生就提前毕业了，各地石油地质勘探单位纷纷抢人。他们喊出的口号，“我为祖国找石油，到边疆去，到祖国最需要的地方去！”成为那个时代的最强音。

时势造英雄。他的同学中，有一对情侣，就是杨虎城的小女儿杨拯陆和谢宏，他们自愿到新疆工作，参加石油会战。1958 年 9 月 25 日，杨拯陆带队在新疆三塘湖盆地野外进行石油地质勘探时，为保卫勘探成果，不幸牺牲，成为那个时代的青年英雄。

七八十年代，在全国十四个油田中，有十三个油田的局长或总地质师均毕业于西北大学地质学系。宋汉良从地质工程师一直干到新疆维吾尔自治区党委书记。

启元同志五十年代末从西安地质所报名参加了大庆石油会战。在黑龙江的萨尔图荒原上，大庆人以“有条件上，没有条件，创造条件也要上（有人说，‘创造条件’四个字是某领导加上的），拼命也要拿下大油田”的精神，住地窝子、干打垒，吃干炒面就雪水。启元同志回忆当时的艰苦时说：“饥饿还能忍，冷得人受不了。当时流传一句话‘七级工八级工，不如回家种大葱’，多少人受不了饥寒，都回家种地了。”在会战中，他曾担任会战指挥部秘书科长，服务总指挥独臂将军余秋里，领略了老革命家与大家同甘共苦、艰苦创业的精神。

他后来又到一线井下作业处任处长，与铁人王进喜睡在一个炕上，成了无话不说的好朋友。在动乱年代，他与王铁人并肩战斗也并肩挨斗，在热气腾腾的屋里批斗完又拉到冰天雪地游街，刚被汗水浸湿的棉袄立刻冻成冰壳子，后来就落下了气管炎的病根。

七十年代初，启元同志被国家选派，到当时唯一的社会主义友好国家阿尔巴尼亚担任专家组长和石油勘探大队长。两年的国外生活，津补贴相当一部分花在了生活困难的工友和农村亲戚身上，回国时只买了一支国产的“红双喜”球拍，送给爱打乒乓球的儿子。

九十年代初，我陪启元同志在大雁塔接待刚刚退出领导岗位的耿飚同志。当年的驻阿尔巴尼亚大使耿飚一见到启元同志，就连称老战友。

回国后，他担任石油部物探局长，那是石油系统最大也最有钱的单位。在当时“再造十来个大庆”的氛围下，他率团出访欧美，采购装备，虽然手握巨额外汇，他锱铢必较，花好每一笔外汇，圆满完成了采购任务。

1976年唐山地震后，经李先念、方毅同志点将，他临危受命，担任国家地震局主要领导，出色地完成了中央交给的任务。

1988年，中央派他到陕西工作，先后任省委常委、西安市委书记和省委副书记兼政法委书记。

1991年初，我调到省委做启元同志秘书。

启元同志工作要求严，生活上要求更严。刚到省委工作，有天下班，办公室过道放了两箱苹果，启元同志说："谁送的给谁送回去。"我也不知道谁送的，他让我查查会客记录，和我一块分析谁的可能性大。我挨个打电话问，才找到了，是苹果新产区的领导为了宣传推广送来的，好不容易才说服人家把苹果拿走。

启元同志在大庆养成了在大澡堂洗澡的习惯，和工人互相搓背。到陕西没这个条件，有时到宾馆开会，他让我和他互相搓背，还说："我口面大，你口面小，你吃亏了。"

有天省委西院有急事，司机不在，他让我骑车送他去。院子里有人看见了，说我是唯一"自行车专车"司机。

党的十四大后，启元同志担任中纪委常委，我也临时到中纪委工作一段时间。中午在机关食堂吃饭，我算是客人，安排在小灶。所谓小灶，就是在大灶侧面再开一个窗口，不用排队，吃的都一样。一个大圆桌，中纪委书记、副书记、常委，加上我七八个人。伙食很一般，素炒豆芽、肉烧豆角之类，菜肴寡淡，米饭粗糙。当时，中纪委主要领导闷头吃饭，大家也不说话。下午三四点我就饿了。启元同志把我叫到他办公室，拿出老伴做的石子馍，和我一人一块儿，原来他也没吃饱。

1994 年 11 月，他又回到陕西担任省委书记。来陕前，他把我召到北京，在京西宾馆向我传达中央主要领导的指示，交代我起草回陕就职讲话，强调团结，强调发展。后来这个讲话以省委文件的形式下发。

启元同志特别重视水利工作，我曾多次陪他到咸阳渭南参加水患抢险救灾，也曾走遍黄河渭南段，对山陕两省黄河纠纷做过调研。作为在渭河边长大的孩子，对三门峡工程建设后渭河倒灌的危害，他与当地农民、移民感同身受。退出一线领导岗位后，启元同志把渭河治理作为自己的使命，不辞辛劳，耐得颇烦，倾听民间疾苦，上至庙堂陈情。在陕西上下共同努力下，中央下拨数百亿巨款，历时十年，渭河治理得以在我们这一代大功告成。

我在启元同志身边只工作了短短的两年，分别时，他告诫我：“别人是大树底下好乘凉，在我这儿是大树底下苗不长。你到我这儿是正处级，回去还按正处级安排，以后要靠自己，好好工作。”从秘书岗位退下，虽然当时职务没有提升，但我从启元同志那里学到的好传统、好作风、好方法也让我受益终生，启元同志对我如师如父的情谊也伴随了之后的岁月。

律己严格，待人宽厚，秦岭巍峨存浩气；

大庆风雪，震区泥泞，渭水安澜系民情。

谨此怀念安启元同志

2024 年 4 月 27 日

白纪年

白纪年是老省委书记，和我都在五号院办公，没架子，爱和年轻人交往，闲时常叫我去拉话，说是一个院里住着，“见个面面容易拉话话难”（陕北民歌歌词）。

十四大之后，我的领导调到中纪委工作，白书记让我捎话帮他反映问题。由于种种原因，他的问题当时没有解决，他对我的领导有些怨言。有次一起吃饭，他给我数落我领导的不是，我忍不住撑了他：“白书记，你们领导之间有看法很正常，你给我说这些，我是附和呢还是反对呢？”把老头噎得半天没说话。

过了几天，白书记给当时在场的高亮说：“王军这娃娃直，背后不议论领导，做得对。”

王双锡

九十年代初，我在省委做秘书。有次随省领导陪一位中央政治局委员考察陕北，在延安枣园参观时，一群妇女突然拥了上来，越过了中央领导，围住了走在后边抽烟的王双锡副省长，“王专员，你好！”“王专员，照个相……”大家欢声笑语簇拥着副省长又说又笑。一问，是王双锡原来工作过的渭南地区基层女干部。被冷落在一旁的中央领导笑着说：“看来双锡同志群众基础不错。”

王双锡在副省长岗位上，推动陕西大种苹果。三十年过去了，现在全中国每三个苹果就有一个陕西苹果，全世界每九个苹果就有一个陕西苹果。王双锡去世多年，人们吃苹果时常念叨他。

秘书王中新

1991年初，省委选调我去做省委领导秘书。省委组织部常务副部长冯煦初找我谈话后，把我送进了八号院。

在西安，八号院是一个神秘的地方。我小时候去过一次，那是1967年，“文革”中造反派夺了省委的权，在省委领导人宿办合一的八号院办了一个展览，通过展示“走资派”“腐朽的生活方式”，批判所谓的“资反路线”。那时候还是小孩子的我，也好奇地混进去“经风雨、见世面”。一个小院一个小院走下来，只对当时省委第二书记赵守一家放的一床的各色帽子有深刻印象。

八号院由十多个小院组成，每个小院外表相近，里边建筑各不相同。五十年代主持八号院建设的副省长杨拯民后来告诉我，每个小院都是按当时各位领导家庭人口和不同需求设计的。各院最明显的区别是种着不同的果树。我所在的五号院种的是“桃李不言，下自成蹊”的李子。

在八号院，我认识的第一个同行，是在隔壁四号院办公的王中新。他是一个老派的秘书，既严肃严谨，又古道热肠。第一次到他办公室送文件，打个收条都是用毛笔书写在省委特制的宣纸信笺上。他教我文件分类、送阅送审的规矩，又带我认门认人认食堂，告诉我“不要随便串门，不要在领导之间传话”等秘书行规。这一方面使我秘书速成，少走了弯路，一方面又让我在八号院工作几年后，还分不清其他几个小院结的是什么果子。

前些日子，我在卖旧书的孔夫子网站竟发现有王中新宣纸信札拍卖，心头一热，就拍了下来，想送给他。可是不知什么原因，到现在也没收到。

在北京

1992 年冬，领导调任中纪委，我短暂进京工作，住张自忠路中纪委招待所，这儿原来是和敬公主府。我住的 305 房间恰好是 1989 年参加中宣部中学生思政调研时住过的房间，巧的是后来又住过一次。

中纪委是很讲规矩的地方，正部副部跟地方大不相同，就是机关干部。上下班工作外出车接送，下班后节假日用车得提前预订。老领导安启元同志的妹妹在盘锦做手术时，他和爱人前去探望，两口子硬是坐了一夜硬座慢车。

我 1992 年在北京的时候，跟启元同志一起在中纪委机关食堂吃饭,在我印象中,当时食堂最好吃的是茄子打卤面。二十多年后，我到中纪委看望一位领导，赶上饭口，又在这所食堂吃了饭。服务员端了两碗茄子打卤面过来。一吃，还是那个味道。

老红军

1991 年 9 月，西安举办第一届“古文化艺术节”，非常热闹，北京的一些老同志也来了。省委派我负责联络老西北局书记刘澜涛。

当天晚上的活动是在南门城楼上看灯展。当刘澜涛、汪锋等老同志刚走上瓮城楼梯中段时，不知怎么参加活动的群众失控了，一下拥上楼梯。我和几个秘书、警卫急忙手挽手组成人墙，试图挡住人流，但很快就被冲开，只好慌忙把老同志架着向上爬。

好不容易在城墙马面（俗称城墙拐弯）一角重新拉起了警戒线，把几位老同志围在中间。这时我才发现自己一只脚上鞋不见了。老同志正在笑我，一位小个儿老太太，头戴红军八角帽，手里拎着一只踩扁的皮鞋，从我腋下钻了进来，连说："慌什么，丢盔弃甲，孩子（鞋子）都不要喽！"

后来我才知道，她就是一双小脚走完二万五千里长征的老红军王定国。老人于 2020 年 6 月去世，享年 108 岁。

肆

雁鸣啁啾

1993 年—1997 年 8 月，任西安市碑林区委副书记，任中曾兼任区政法委书记。

1997 年 8 月—2000 年 9 月，任雁塔区委副书记、代区长、区长。

2000 年 9 月—2002 年 2 月，任雁塔区委书记。

2002 年 2 月—2005 年 12 月，任西安市委常委兼雁塔区委书记。

区里新来的年轻人

1993年11月，我到碑林区工作，任区委副书记，分管政法、统战和群团工作。

上班第一天，我先到分管部门去认门、认人。进了一个办公室，看到两位女同志正在给取暖炉生火。我先作自我介绍："我是新来的，以后咱们一起共事。"两位女同志连连拍手，说："好呀，好呀，新来个年轻的，先把楼下的蜂窝煤搬上来。"说着把簸箕塞给我。我下楼吭哧吭哧端了一簸箕蜂窝煤上来。刚进门，只见区委办公室主任迎过来说："我来，我来，咋叫你去搬煤呢！"

俩女同志一看，全愣住了。

因为分管政法，友人多说，你一介书生，管个宣传罢了，还能管好政法？有过去宣传部同事翻出老账，说我胆小。那时我在市委宣传部做办公室副主任，一老同志夫人去世，我带人安排后事。在往殡仪馆冰柜安放遗体时，我搭手抬担架，死者的头发突然散落，吓得我差点把担架撂地上。

我想，既然做这件事，就得先“入戏”。入戏得先练胆。刚上任不久就碰上农行金库杀人抢劫案，我主动要求随刑警出现场，现场的味道和视觉冲击让我好几天睡不着。

那年冬天的一个凌晨，东大街冠生园着火，我和市长赶到现场。消防刚买的云梯车坏了，灭火慢了些，损失有点大。究其原因是，本地只有高价配件，平价的还在路上。我当时拍板买高价的，要求马上修好。谁知当天晚上，南大街日本料理店着火，店里放了几十个一人高的大煤气罐，如果炸起来，恐怕钟楼会被夷为平地。我们马上在边上的绿化带成立指挥部，书记、市长也到了，急得要命。幸亏刚修好的云梯车派上了用场，水龙直接越过裙楼，伸进后院，对着煤气罐猛降温，直到大火扑灭。

我经火灾最险的一次是1998年的“3·5闪爆”。当时我正在吃晚饭，突然区上电话报告，位于雁塔区丈八北路和昆明路附近的液化气巨型球状储存罐发生泄漏。我放下碗筷，十几分钟就赶到了现场附近，市、区领导在昆明路一辆公交车上成立了指挥部。我们刚研究方案，第一次闪爆开始了，巨大的黑色烟团冲天而起，随之一声闷闷的巨响，黑烟中爆出的巨大火球翻滚起来，大地也跟着颤动不已……路那边看热闹的人流争先恐后向东拥去，路这边是指挥部大巴和消防官兵逆流向西边火场方向前进。

我此时正在雁塔区区长任上。市长下令，让我马上到距火场一墙之隔的大寨子村组织疏散群众，而他则登上了最危险的3507厂棉花仓库，居高瞭望指挥。

那天，鱼化寨办事处的副主任开着一辆破吉普，带着我沿着火场外墙道路进村。只见墙内四个球罐像大锅一样，被架在火上烧，夜空一片金光。当我们确认村里已经空无一人并撤出后的几分钟内，第二次闪爆腾空而起……这次事故共有十四名消防官兵和工作人员牺牲。

记忆中最恐怖的现场是某年大年初一晚上，西影路一家歌厅失火，原因是用电炉取暖，引起了装修材料燃烧。火不大，但烟大，有六个睡梦中的服务员因熏烤而死。凌晨火被扑灭，我陪着副市长进入室内，差点绊倒在一具面目不清的遗体上。

我从此与“熏”“烤”二字保持距离。

清风正气

文山会海是党政机关效率不高的主要原因。比如每年年底、年初，各级各类工作会议比较集中。为了体现重视，区上主要领导往往开完省上开市上，开完市上开区上，层层落实，层层把上级讲话改头换面、照本宣科，一轮下来就一个多月过去了。

对付文山会海，我有一套办法。

我的办法一个是合并，每年列入考核的经济、廉政、组织、宣传、政法和计划生育按要求要开全区大会，我们就用半天时间合并召开，分管领导各讲一段，最后我即席总结。

二是划小时间单元。开会以半小时为单元，不以半天为单元，通知上标明开会时间，也标明闭会时间。刚开始大家不太适应这条规定，有一次开会，我还没开始讲话，约定的结束时间到了，我直接宣布散会。后来大家都很注意时间控制，尽量在自己的时间段内讲完。

三是讲短话。一般会议不念稿，文字稿发下去，有新意见即席发表，没新意见可以不讲。这招很灵，既缩短会议时间，又提高了干部整理归纳、提炼思路的水平。

书记讲话本身体现规格和重视，该讲还要讲，但尽量说干货，说短话，点到即止。我在全区计划生育大会的讲话全文："讲话发给大家，不念了。计划生育是一票否决制，数字硬，工作也得硬。"当市委宣传部部长，每年都有个发行会必开，我的讲话全文："宣传部考核硬指标不多，《人民日报》发行是其中一项，要重视。"

而且，开会最怕手机响，一响讲话思路就断了。

有一次全区干部大会，干部按单位就座。我会前强调："哪一片响，单位一把手罚站。"我话音未落，就有手机应声响起。我指着发声的区域让局长站起来，半天没人响应。我正纳闷，旁边的同志给我指了指身后，身为区级领导的法院院长在主席台第二排端端地站着。

从那以后，开会手机再也不响了。

所以，当主官、抓班子、带队伍，最重要的是抓风气，我常用荀子劝学中"蓬生麻中，不扶而直；白沙在涅，与之俱黑"要求自己，勉励同事。

我在大会上讲风气时说了常遇到的三件琐事：

一曰“拧瓶盖”。开会、下基层，常常遇到下边同志拿瓶水，帮你拧开盖，塞你手里，也不问你喝不喝。这时，我会说，你这一个动作，有三个毛病，一是我不喝造成浪费，看你辛苦我勉强喝也是浪费；二是这瓶盖是刚拧开的还是早拧开的？我可能觉得不卫生甚至不安全；三是你瞧不起我，认为我手无缚鸡之力。

二曰“扯纸”。我从卫生间出来，准备洗手，旁边常有人帮你打开龙头，顺手还从纸箱唰唰唰抽出三四张擦手纸。这时，我从他手中只抽一张纸，对他说，我看见了三个毛病：一是不爱惜公物，二是不环保，三是殷勤过度感觉不好。

三曰“拉车门”。领导上车下车，总有人赶上前帮领导拉开车门，更殷勤的还把手罩在领导头上，怕磕了碰了。有一次我上车，看见有人又来拉车门，就紧赶了两步自己拉，没想到人家也紧赶两步，俩人的手同时伸进门把手，结果他一松手，门把手一下把我手指头夹了个血泡。

讲了之后，这类事少了些，但没绝种。

还有一点，调整干部，最怕来自方方面面的说情。用吧，影响公正，不用，就得罪人。

有一次雁塔区调整干部，有一位我妈老同事的孩子找到我妈，说明来意，送了些礼品。第二天刚好开大会，我特意讲了风气问题，说：“一把手最重要的工作是抓好单位风气。怎么抓？古人说，蓬生麻中，不扶而直，就是指从自己做起，当好这个‘麻’，行端向上。大家都做笔直的‘麻’，少数‘藤蔓’也会往直里长。”话音一转，我讲了送礼这件事，说，“在座的有位同志，能力水平状态都很好，也没发现什么毛病，在这次调整范围。昨天我才发现他有一个缺点——跑官，所以这次暂时不动。请这位同志会后找个没人的时间到我办公室，把东西拿走。”

说老实话，别人托的不办归不办，不好在大会上公开讲，只能得罪自家人。

从这以后，雁塔区说情跑官的事就少多了。

敬酒

我从机关调到区上担任领导职务，有人就提醒我："基层工作，小心喝酒。放开喝，易失态；收着喝，没人缘。最好一开始就不喝。"

刚到那会儿，我滴酒不沾，谁敬酒我也不喝，说不喝就不喝，久而久之就没人劝酒了，我乐得多吃几口菜。

有一回陕北朋友请客，大块肉、大碗酒。主人轮番劝酒，有的说，有的唱，有的恨不得捏着鼻子往里灌。你有千条计，我有老主意，油盐不进，只吃肉，不喝酒。

只见主人大手一挥，一位胖大厨娘，身穿紧绷白大褂，忽闪忽闪闯了进来。她双手捧着酒碗，信天游张口就来：

白格生生的衫子，裂呀么裂开了怀，两个点点、两个点点露呀么露出来……

歌声突然打住，她操着浓浓的陕北口音说：“你倒是要吃嘛还是要喝嘛？”

我默默地接过酒碗，一口喝下。

开墙透绿

计划经济时代，大学、企事业单位都有自己的福利区，设有小商店、小粮店、小菜店、小饭店、小理发店，为本单位服务。这些店统称“五小”，一般由单位出经营房，区上商业粮食部门经营管理。九十年代，这些行当市场化了，原本作为福利设施的“五小”淡出了市场，经营者不得不扩大经营范围以维持生计。而这些大单位开发第三产业，势必要打这些店面的主意，纷纷下了逐客令，为这些单位辛辛苦苦服务了几年、几十年的“五小”员工没了着落。

大约是 1999 年 6 月初，区上与各单位协商，提出了解决方案：房产由单位经营，员工分流，区上和单位各安置一半。二十多所大学、三十多个企事业单位、科研院所经过一番讨价还价，都接受了这个方案。

只有某部属大学坚持收回房产、员工全部退回区上，理由是处置校产是学校的合法权益，区上安排员工是乱摊派。我去拜访校方，双方各执己见，不欢而散。

谁知我刚回到办公室，学校某主任电话就来了："王区长，区上的要求我们在会上讲了一下，全校几千名师生都很愤怒，纷纷要求到区政府堵门抗议……"

我听后一愣——维持高校稳定是政治任务。这倒提醒了我，我计上心来，对着电话说："你提供的情况很重要，请稍等。"之后当即把座机按到免提，用手机接通了公安分局局长，对局长说："我刚刚接到某大学某主任报告，学校几千师生要到区政府堵门，现在正是敏感时期，要高度重视，马上调查处理。"手机还正在回话，座机里就传来主任声音："王区长，区长……我……不是这个意思，不是这个意思，意思……"

十分钟后，大学书记打来电话："刚才某主任胡说咧，我们已研究好了，全面按区上方案办。"

因为八十年代鼓励全民经商，沿街各单位破墙开店，一时间门面房、瓷片墙、卷闸门成为城市一景，连区政府也未能免俗。年终发创收奖，我一问，原来是门口歌舞厅的房租。

2003 年，市上要求街景整治，我提出，雁塔区要有进有退，商业街要提质增容，一般街道拆掉简陋的门面房，尽量开墙透绿，让单位内部绿化和街道融为一体。

区委政府所在的雁塔东路先试点。区上带头，先拆除了自己的门面房。这条街上的省军区、统计学院、矿院等单位经过一番拉锯，也都拆了门面房。唯独占据黄金地段小寨什字的某学院坚决不拆。

学院南临雁塔东路和区政府对门，西临长安路最繁华地段，临街几百米全是丑陋低质的临建门面房。我建议该学院临雁塔东路拆除临时建筑门面房，开墙透绿。临长安路规划建设正规商场，以补偿学院损失。院里以商户拒不腾退为名迟迟不动。负责执行的小寨街办下了强拆通知，一些人纠集商户上市委闹事，有关领导批示：要维护高校稳定。

我把街道主任找来商量，他提议："是不是缓一缓？"我说："你如果能拿下就干，拿不下我找个能拿下的干。"他说："当下怎么办？"我想起了在高校做的功课，拿出了之前收到的举报信，大致内容是，学校少数人以三产名义盖门面房，有权者当二房东，长期侵占国有资产，并有偷漏税嫌疑，云云。我在举报信上批示："请区检察院、地税局调查。"

不久，学校领导找我，意思违纪由学校调查处理，同时表态全盘接受区上关于雁塔东路拆门面房、开墙透绿，长安路拆门面房、正式报建扩容的安排。

如今，名列商品销售额全国第五、西安和雁塔区纳税大户、最时尚的商业综合体赛格大厦就是当年开墙透绿的产物。

雁翔路

九十年代中后期，我在雁塔区当区长，正是雁塔区从农村郊区向城区的转变时期。全区一百五十二平方公里，南北贯通的道路只有一条长安路，东西贯通的只有南二环和小寨东西路，南部农村更是进出困难。刚好交通部门推广“村村通”工程，有一笔钱。区交通局做了规划，让我审定。

我实地考察后觉得，路宽六米，标准太低，有的村子远离干道，一截一截修路，效率不高，景观效果也差。有一天我和副区长张改莲、交通局李局长、赵工登上杜陵。向西看，农田尽头有一座高楼，查了地图，是长安路和长安县的北环路。往北看，可以看到南二环交大南洋饭店。我拿红铅笔在图纸上把杜陵和这两个点连起来，然后用了两天时间步行勘察了两条线路。两条直线上基本上都是农田，没什么拆迁量，当时就确定先修这两条干线，再就近连接各村。

杜陵向西的这条路通到长安路，向北在雁塔长安区界，继续向西一直到雁塔区西南角丈八乡铺上村，再折向北到雁塔区西北角,东西两端连上南二环,基本形成雁塔区环路，我起名叫雁环路。雁环路修通后，曲江、长延堡、电子城、丈八、鱼化寨五个乡街几十个村都快速进入了城市化。

杜陵向北这条路我命名为雁翔路，主要是当时资金没落实,最后可能由区财政局平台公司雁翔公司兜底,命名“雁翔”也算有所回报。

确定修雁翔路那天是清明，在黄渠头村开了沿线村长会，会后当天就放线铲青，不然过几天麦子一起身，铲青就难了。

修雁翔路还有几个插曲。当时绕城高速预留的桥孔刚好从火葬场东墙外经过，为了防止火葬场开东门，我硬是要求把预留孔向东移了一百米，临火葬场外墙密植杨树，并设置交管站，使其东门没开成。

雁翔路经过黄渠头村北有个巨大垃圾山，铲平要花上千万，整条路预算才八百万，只好向西绕了一下。

雁翔路修通时,我让在路两旁种樱花,没想到《华商报》头版《雁翔路要建樱花大道》消息一登，樱花树苗一下涨了两倍。

杜陵万亩森林

在杜陵原种树，既是治理垃圾围城的需要，也缘于我上任雁塔区区长前不久出访巴黎的感受。当我登上埃菲尔铁塔俯瞰巴黎,两个场景令人震撼:一个是塞纳河穿城而过,巴黎圣母院等一众知名建筑沿河而建；另一个就是城中一片森林，在巴黎城市楼群中显得特别醒目。

我到雁塔区上任以后，有意识地从大雁塔上俯瞰雁塔区——向南望去，杜陵原灰蒙蒙一片。实地考察，才发现这地方到处都是垃圾堆、砖瓦窑、坟场。浐河沿岸一直到杜陵，都是这幅景象。

杜陵原是汉代中兴皇帝宣帝的陵邑，是汉唐文人墨客流连忘返、唱酬吟诵的地方。李白有“南登杜陵上，北望五陵间。秋水明落日，流光灭远山”，岑参写“长安二月归正好，杜陵树边纯是花”，只不过这些风貌只是存在于诗文里，而不在当下。

当时我看到的更像是白居易笔下荒凉贫瘠的杜陵：“杜陵叟，杜陵居，岁种薄田一顷余。三月无雨旱风起，麦苗不秀多黄死。”

我把为西安古都保护和建设做了大贡献的韩骥、张锦秋夫妇请到杜陵顶上，探讨种树的事。他们听了都很激动，觉得通过这片位于城市东南角的森林正好可以把秦岭的新鲜空气送入城市，直达城市西北角的沣渭交汇处，这叫“生态楔子”，也叫风道。

种树又是一场革命。一方面人们觉得没效益，另一方面，水土条件不适合种树。这地方的老人讲，从建国后，杜陵一共种了四次树，没有活一棵，“这旱塬根本就不适合种树”。我找来水保专家，了解塬上的土是“立茬土”，浅层漏水，深层保水。根据这个特点，全部用塑料管做简易水利设施，管三年灌溉，省钱又办事。树种下去，三年后，根越扎越深，不浇不灌，自然成林。

我们还制定了一套退耕还林和土地流转政策，不仅鼓励农民种树，还引入各种园林苗木企业种树。就这样，解决了杜陵原上垃圾乱倒的问题，也恢复了古都的郊野风貌和自然景观。从白居易笔下的“三月无雨旱风起，麦苗不秀多黄死”的衰败景象，又变成了岑参笔下“长安二月归正好，杜陵树边纯是花”的繁华意境。

就认推土机

雁环路修到铺尚村时，为了交通安全，没有沿老路从村中穿过，而是绕过村子和主干道连接。路修好不久，我下乡经过这里，看到一些村民在向村庄到公路之间的农田倒渣土。我叫丈八乡赶快派人来处理。乡上马上在现场贴了《通告》，大意是在农田倒渣土违反了《中华人民共和国土地管理法》某条,《刑法》某条，请立即停止，恢复农田。

我过了一周又路过铺尚，发现从村庄到公路之间的渣土已经夯实了，显然是想沿新公路扩大庄基，我又通知乡上处理。乡上派员又贴了一张《通告》，大意是这种行为违反了农村建房若干规定，责令限期改正。

过了一周，我又来到现场专门看处理情况，发现盖房地基都处理好了，大量建材堆在现场，新修的公路正好成了搅拌水泥的工地。

我不动声色，从附近工地调来了四台推土机。我责问乡长："我两次发现问题，你们是咋处理的？"乡长说："现场贴了《通告》。"我说："执法不严，法律就没尊严！"我问乡土地所长："带头村干部的庄基界线在哪儿？"所长铲了一锨白灰，顺势在院墙下画了一条线。我一声令下："推！"只见四台推土机一字排开，从公路向白线推，水泥楼板砖头瓦块轰轰隆隆全堆到了他家院墙上。其他村民一看动真的了，纷纷表示："不劳政府大驾咧，我们自行恢复原状。"

我对乡长说："看来这些村民不认你这《通告》，只认我这推土机。"

雁鸣湖

清理了垃圾场的浐河滩怎么办？大家都知道八水绕长安有“泾渭分明”的典故，却很少有人知道下句“玄灞素浐”，是讲灞河水深且广，浐河水浅且清。杜甫诗云“悄悄素浐路，迢迢天汉东”。

我的印象里，浐河、灞河既有美丽的诗篇，也有长安八景之一的灞柳风雪。

七十年代初我上初中的时候，有年冬天组织班里同学拉练，当时浐河的水就是五颜六色，我们赤脚过河的时候水是热的。后来了解到，这是纺织城印染厂直排的工业废水。东郊近百万人口的生活污水和纺织城、军工厂的工业废水，全部流入浐河。几十年就这么过来了，这条河有多脏可想而知。

我看到浐河沿岸的垃圾主要是建筑渣土和钢厂的钢渣，就和大家商量，把这两样堆到一块儿，钢渣一锈，正好能把这个渣土板结起来，干脆就用建筑渣土和钢渣来修河堤。

修河堤取土，形成了坑洼地，正好弄一个新垃圾场。我提议干脆灌水成湖。但修湖要衬砌，湖底要衬土工膜，太花钱了，区上承担不起。

我沿着浐河走，看到农民挖鱼池养鱼，我就跟那农民聊天。农民说："没有砌，没有衬。挖个池子，直接把河水引进来，放上鱼苗就养鱼啦，没有问题。"

我问为啥，他说："这河滩地，底下都是'王八泥'（胶泥），黏性大，有很强的防渗性。再一个河滩水位高，往下挖上一米半米，就跟地下水连上了。"这个问题一解决，没花多少钱，一下子又干成了。

从河的上游修个溢流坝，河水进入沿河坑洼地，形成长藤结瓜的五个大小湖泊，再经过下游溢流坝流回浐河。在浐河畔十里长堤外形成了约五千亩的湿地，湖畔广植芦苇和菖蒲，不仅净化了河水，也成了人们踏青怀古的地方。

因为《人民日报》的副总编在此拍下一群大雁从芦苇丛中惊飞的一幕，所以，我将此湖命名为"雁鸣湖"。

种树看作风

我提出在杜陵原种树，一些干部想不通，联系到前阶段关停了大量污染环境的小炼油炉、小钢条厂，取消乡镇企业产值考核等事，说王军只抓环境，不抓经济。在全区大会上，我讲财政给种树专项补贴两百万时，有人给我递条子，说这都是用大家的福利来做书记的面子。我直接把条子念给大家，然后给大家算了两笔账，一是我上任这几年，经济增长若干，财政供养人口收入增长若干，我没亏大家。我热蒸现卖地讲，过去财政规模小，主要是“吃饭财政”，现在经济发展了，要向“公共财政”转。我还趁机普及了那时刚开始有的“公共财政”的提法。第二笔账是，二百万能干什么？可修二环路五十米，可盖门面房一千平方米，和一万亩树的比较效益谁优谁劣，不言而喻。

我向市委栗书记讲了这件事，他说“我支持”，很快亲自带着市委机关干部上原种树。

区上各部、局也都分了领了任务，分片包干种树。一场雨后，不少树苗倒了，我带上部、局长到现场认领，限期补种。我说："这次给大家留面子，下不为例！种树看作风，种树看管理，种树看干部。"之后种树，再也没出现过东倒西歪的现象。

一些农民不认可种树，就抢着在地里种麦子。麦子一下种，这一冬春就种不成树了。白天干部挡着，有人就晚上带着农机、牲畜偷偷种。我听了很着急，半夜上原查看，走到路口，碰到年轻的乡长正带人阻挡、说服下地的群众。后来我常常举这个例子说干部作风问题，这个干部也不断得到提拔重用。组织部说，这是王书记从地里"捡"来的。

这个干部后提任了西安市副市长。

还有一点，"少倒垃圾多种树"，口号好提事难办——种树先得平坟。

以前农业学大寨，把这坡地都改成了梯田，连汉宣帝皇后的陵墓都改成了梯田。当地人为了节省地，都在那个梯田坎儿上掏个洞穴，把棺材放进去，封上，再立个碑。凡是坎儿，一排排全是坟。大致算了一下，一万多亩地差不多有三万个坟头。

平坟是地方干部都头大的一件事。平坟在火化区，法律依据没问题,难的是伤感情。当时我提出了一个说法:“地形地貌也是古都风貌，恢复古都风貌就从恢复李白、杜甫眼中的汉家陵阙风貌做起。”具体就是把农业学大寨搞的梯田恢复成坡地。动员会上，我跟大家讲，“梯改坡”是给先人盖上一床被子，这样一来，大家从感情上也能接受。

就用这个办法，短短一年，不仅是一万多亩的杜陵，整个雁塔区一百五十二平方公里，都看不到一座坟头。

人质

雁塔区征地拆迁多，上访就多。又是省委所在地，到省委聚众上访，时有发生。

有一次，孟村部分村民把自来水厂工地的围墙推倒了。工地一报警，派出所就把领头的仨人带到派出所，依法处理。没想到，有人组织一群老头老太太，呼啦一下堵了省委大门，我知道后叫杨乡长亲自去处理。杨乡长第一时间赶到，苦口婆心说服上访者，等大家都上了车，他还不放心，就跟着上了车。没想到一回村，他就被部分村民扣为人质，扬言派出所不放人，他们就不放乡长。

去派出所的路上我琢磨，放人，把法律当儿戏，没面子是小事，关键会助长坏风气；不放，天色已晚，民警进村强行救人，弄不好要出大乱子。进了派出所，我也没理出个头绪。

我正和所长商量，突然听到外边嚷嚷。一了解，是家属来给被扣留人员送衣裳，实际上是探虚实。我突然有了主意，就把他们叫进屋。我先给两人发了名片，自我介绍是区长王军，又询问了两位来人身份和工作单位，然后让所长搬来《法律大全》，我说咱们一起学学法律。

我翻到非法拘禁罪和治安条例（那时还没废除）有关条目，一字一句念给他们听，然后说："派出所拘留人是依法进行，你们扣乡长是犯罪，一码是一码，这可不能交易。你们回去，给大伙传达一下王区长的指示，把这段法律复印件拿回去一起学学。限两个小时，把乡长送到这儿，我就在这儿等。"

一个小时后，杨乡长被送回了派出所。

张美丽

张美丽像一个梦魇，让二十年来雁塔区几任区长无法摆脱。

张美丽是雁塔区张家村人，老三届高中生，嫁到长安县农村后又离婚，带着一个儿子净身出户。按当时落户和庄基地政策，娘家是回不去了，她带着儿子，和她的户口本一样无处安放。

听说能落户，她就嫁给了城乡接合部宁家村村书记五十多岁的智障哥哥，可是没过两天又离了婚。村里不给她落户，她就到电子城街道办事处上访。没想到这一访就开启了她长达几十年，足迹遍及中央、省、市、区、街五级的上访人生。

街办出面调解，村里认为她是骗婚，坚决不同意落户。调解无效，她就到区政府上访。一来就找区长，抱腿哭喊抢饭吃，谁见了都躲。有人说："张美丽，你跟人家连觉都没睡，谁承认你结婚了？”张美丽拿出结婚证回应：“结婚没结婚，睡觉没睡觉不算，这红本本说了算。”因为村民强烈反对，这事真难办。逐级调解无效，她就逐级上访，如此这般，直至公安部。公安部直接下令强行落户，上访取得了阶段性成果。这是八十年代中期那任区长手里的事。

安生了没几天，她又开始了新的上访，这回诉求是要求分庄基。近郊农村庄基稀缺，村民更是不答应。又经过若干年，省人大常委会责令拨付庄基。这是八十年代末那任区长手里的事。

张美丽的第三轮上访诉求是解决村民待遇，就是参与村上的收入分配。那时正开始征地，在村民看来，这就是公然抢自己的饭碗。每一个诉求的解决，都成了下一个诉求的开始，又一个轮回，这事在我的前任区长手里解决了。

她的第四轮上访是从我当区长开始的，诉求是追讨从落户到现在的分配款。当时，已经成为城中村的宁家村已无地可卖，村里当然是直接拒绝。一段时间，我一上班，她都在我办公室门口等着，我开玩笑说：“你上班比我们干部都准时。”

为了解决她母子生计，街办专门安排她卖菜。有次城管收了她的秤，她找到我，我让人家把秤还给她。

有次开省人代会，会上一再要求，“自己的娃自己抱走”，不准到人代会上访。谁知我刚走出驻地，就看见张美丽在门口转悠。我赶快跑过去，叫了一辆出租车，把她哄上去，说：“会完了区上说，覅在这儿给我扮难看。”人代会一结束，她早早等在办公室门口，说：“王区长，我给你还钱呢。”我说：“算了，这次表现不错，算发奖金吧。”她见人就说：“王区长表扬我咧。”

解决她的问题主要是钱从哪出？最后我决定从民政口救济费里拨几十万，由办事处民政科和她约定，只要不上访，按月发放补贴，哪个月上访就扣掉当月补贴。我说：“张美丽也是可怜人，走投无路嘛，就按民政救济来解决吧。”有人讲：“可怜之人必有可憎之处，她是尝到上访甜头了，上访是她的生活方式，不会息诉罢访。”

就在区政府准备一揽子解决问题时，谁知又两度节外生枝，其中一次是中央领导来陕，张美丽不知怎么得知消息，竟去拦车“告御状”，被公安机关拘留审查，这事就搁下了。

从公安局放出来，张美丽照常到政府“上班”。我把她叫到办公室，把解决方案告诉她，最后对她讲：“这回彻底解决你的问题，再不能闹了。你从二十多岁闹到五十多了，娃都大咧。给娃说个媳妇，好好过日子。你闹，乡性不好，谁能把女子说给你家？”张美丽高兴地签了协议，说："王区长，你放心，我再不闹咧。"

我从区长当到区委书记，几年下来，张美丽真的没再来闹过。调离雁塔区后，有次路过区政府，见门口围了不少人，仔细一看，张美丽糊了一身大字报，不停地哭诉着。

菜农张社教

周末难得一个艳阳天，驱车秦岭脚下东石村看望老同事。张社教从雁塔区杜城街道办事处人大工委主任岗位退下来，就住在村上。宽敞农家院扎了个塑料大棚，我进院子时他正在莳弄他的菜地。“莳弄”这词在陕西不敢乱用，只有用在种菜种花时是好词，用在别的地方就是骂人呢。

当年宣传部老同事老赵爱用“茄子一行，豇豆一行”来形容办事有条理。张社教的菜地种了五六种绿叶菜，也是“韭菜一行，油菜一行……”整整齐齐。

菜棚中间放个凳子，我问他干啥用的，他说吹葫芦丝时坐。大棚没风暖和，正好对“菜”弹琴。

社教手指墙上的图片，对照地里的菜苗，一一介绍他引进的新品种。看着他腼腆又满足的样子，让我一下子回到二十多年前，第一次见到他的场景。

九十年代中后期，我在雁塔区当区长。有次道路选线，在丈八乡赶上饭口，肚子饿了，看到一片菜棚，就想摘个西红柿尝尝。一进菜棚，看见地上蹲了五六个菜农正在吃饭。他们看见我和局长、乡长进来，忙起身招呼。我一看地上摆的蒸馍、豆角烧豆腐，正合吾意，也没客气，抄上筷子拿了个馍就吃起来。我问这棚种的啥苗，回答，七彩菜椒。我当时还想象不来赤橙黄绿青蓝紫的辣椒是什么样，菜农指着一个三十出头的小伙："让'大拿'说。"原来这穿着解放鞋、劳动布工装的"菜农"就是农技站技术员张社教。

张社教如数家珍般介绍了这些年推广的蔬菜新品种，让我大开眼界。他腼腆朴实的形象和沾满泥土的解放鞋给我留下深刻印象。

后来一次研究干部，要提一位懂农业的街道副主任，我提议张社教，大家都说好。

张社教，从菜农，到领导，再到菜农，这是个好轮回。

风波

2003 年，雁塔区征地拆迁进入高潮，同时农村换届也开始了，各种矛盾交织，“闹人”与“闹事”结合，各种上访也多了起来。

一封名为《万民血泪控诉》的上访信是这样写的：“曲江违法征地、强行拆迁，使××村民无家可归，上万人流落街头。”这封信当然引起了各级领导的重视，总理批示严查。

社会上盛传“王军出事了”。

省国土厅调查后，认为“违法征地，强行拆迁”基本失实。上报后，当时的国土部部长打电话给省国土厅张厅长，认为是地方保护、官官相护。张厅长回答：“我就担心调查结果有问题，专门到现场看看，现在就在村口。村里拆迁还没开始，村民生活一切如常。”田责问：“难不成是总理批错了？！”之后又派国土监察局局长直接调查。

又一轮调查之后，结论当然还是否定的，只是挑了个毛病——区委书记王军在征迁动员会上讲的“农民是认推土机的”一句话，“伤害了农民感情”。上访信交市上处理。

市上派一位副秘书长调查后维持了国土部监察局的结论，建议收回讲话。而我不认可这个结论，因为这句话是针对处理农村违法建房问题时讲的，与曲江征地拆迁无关（见另文《就认推土机》）。

眼看处理不下去，副秘书长向市委栗书记做了汇报。栗书记马上赶到医院（当时我因骑马摔伤了腿），当面了解情况，并说：“这事闹这么大，没个结论不好。”我明白了领导的苦心，接受了结论。

随后，我向栗书记写了一个报告：“我已安排将十三期《雁办通报》收回，随件附上。请批示。”

没想到当天，书记又赶到医院，把他的批示件亲自送给我。在我只有一句话的报告上，书记不仅在空白处批满了，还附了另纸。

市委书记批示全文：王军同志讲的“农民是认推土机的”是针对乱搭乱建、拆除违章建筑讲的，从全文看没有问题，但不认真阅读，容易造成误解，收回讲话可能更稳妥些。讲话不存在政治问题、政策问题，也不存在由此而

“伤害了群众感情”的问题，希望雁塔区不要为此背什么包袱，要大胆工作，一如既往地抓好旧城改造、城中村改造。既严格执行政策，又要做好耐心细致的群众工作；既维护国家整体利益，又充分照顾、维护好农民群众的合法利益；既大力推进现代化城区的建设和发展，又保持政治和社会的稳定。

一场风波不经意之间化为乌有。

大自然不亏人

因为在雁塔区做区长、书记时，主导了杜陵万亩都市森林和浐河雁塔段雁鸣湖湿地的建设，用自费退耕还林的办法，将雁塔区东南角垃圾成堆、旧坟遍地的三兆杜陵原一带建成了万亩生态林地。在浐河西岸就地取材，用建筑垃圾修筑河堤，堤内蓄水，堤外挖湖种树，形成了数千亩长满芦苇、菖蒲的湖泊湿地。

大约是2005年的一天，我陪《人民日报》副总编李仁臣盘桓至此，参观湿地。突然，芦苇丛中惊飞起十几只大雁，李仁臣兴奋地按下快门，连声赞叹："这是大自然对你们最好的奖赏！"我感慨："大自然不亏人：一分投入，十分回报；一分索取，十分报复。"后来，李仁臣就以"大自然不亏人"为题撰写了一篇通讯，登在《人民日报》上。

后来在一次宣布干部的会上，领导引用了这句话："王军说'大自然不亏人'，我看组织也不亏人……"台下有人小声接茬："才怪咧！"

终点变起点

三兆村是雁塔区最大的村，汉代叫杜陵邑，是达官贵人住宅区，据记载，张汤、苏武都曾住过。唐代以《易经》中提到的三种吉兆命名为三兆村。自二十世纪六十年代西安火葬场迁到这里，这么有文化、有讲究的好名字成了西安人眼中不祥的象征——说谁谁去世了，往往说“谁谁到三兆了”。

这些年，杜陵变成了万亩森林，火葬场迁走了，原址建了公园，旁边又建了陕西省妇幼保健院。三兆村民逢人就说：“三兆又成福地了，人生终点站变成人生起点站了。”

月登阁记事

浐河左岸有个村子叫月登阁。随着这个村子的拆迁,“月登阁”作为千年古地名有可能被永久遗忘。

月登阁名字的由来可以追溯到唐代。据史料记载，唐武德年间（618 年—626 年），在长安城东浐河的崖背上建了一座大型阁楼，名为“月燈阁”。这座阁楼专门供文人雅士登临观灯赏月，因此得名。随着时间的推移，到了清朝嘉庆年间(1796 年—1820 年),月燈阁的“燈”字去掉了“火”字边，被改为“登”字，从而形成了现在的地名。

月登阁村东临浐河崖岸曾是市政马腾空垃圾场的一部分，已关闭多年。由于新开的江村沟垃圾场离城太远，许多垃圾车习惯于路径依赖，常常就近偷倒在附近的浐河滩上。久而久之，河滩成了垃圾滩，出自秦岭的浐河清流至此变成了黑汤。“月登阁”这么美丽的名字和“马腾空”“米家崖”一样，成了垃圾场的代名词。

1997年，我刚到任雁塔区区长，处理的第一起公务就是“垃圾猪”事件，起因是当地人把猪散养在垃圾场，病猪肉流入市场引起舆情。紧接着又发生了当地奶牛口蹄疫重大疫情，也是因为奶牛受到垃圾污染引起。我在处理病牛现场受到了极大震撼：十几头奶牛挤在铺着厚厚石灰的深坑里等待灭杀，觳觫着发出阵阵哀鸣，无助的牛主人在边上双手合十，失声哭泣……

为了刹住浐河边乱倒垃圾的歪风，我在路上常常看到垃圾车就暗中尾随，只要看见进入农田或河滩乱倒，直接抓现行，用我的车堵住通道，就近调来市容部门现场执法。

这些做法虽然起到一定的震慑作用，但治本之策还是要解决河滩垃圾场问题。我提出用建筑垃圾修河堤，堤内筑坝蓄水，堤外河滩挖湖，从上游引流，“长藤结瓜”，一串修了五个湖，形成一千多亩水面，三千多亩绿地。花钱不多，效果很好，大自然不亏人，一分投入，十分回报。短短几年，垃圾山消失了，垃圾河变清了，湖畔芦苇菖蒲成片，白鹭大雁也回来了，浐河两岸充满野趣，恢复了山川河流的本来面目。

复原李白杜甫白居易眼中长安“玄灞素浐”的郊野风貌，就是我们这代人对汉唐长安和历代先贤最大的敬意，也是对未来后人最好的礼物。

我把这片湿地命名为雁鸣湖。

始料未及的是，这片当时不为人知的新水域竟成为裸泳爱好者的聚集地。广东著名作家鄢烈山闻之，专门写了一篇文章《从西安浐河裸泳看产业换代》，文中感叹："古城西安东郊浐河边，每天早晨有一帮光屁股的男子，在清澈的人工湖水中游泳或沿浅水滩打坐，而湖边偶有晨练大妈慢跑经过也不以为怪。我感兴趣的是，这个一度自嘲'八百里关中尘土飞扬，三千万懒汉齐吼秦腔'的陕西人的省会，如何变得这么清新而时尚呢？"

挖湖时，为了少花钱，保留了横穿的电缆铁塔，特意在水中留了一个十来亩小岛。为了防止偷倒垃圾回潮，在岛上建了漂亮的管理用房。害怕村子拆迁后月登阁古地名随之遗失，就把这所房子命名为"月登阁"。

鄢烈山在《从西安浐水裸泳看产业换代》文中写道：

近日人民网转载了一则配图新闻，描述的是古城西安东郊浐河边，每天早晨有一帮光屁股的男子，在清澈的人工湖水中游泳或沿浅水滩打坐，而湖边偶有晨练大妈慢跑经过也不以为怪。我感兴趣的是，这个一度自嘲“八百里关中尘土飞扬,三千万懒汉齐吼秦腔”的陕西人的省会，如何变得这么清新而时尚呢?

老实说，要不是7月下旬刚巧在西安待了4天，又恰好观光过这个浐灞生态开发区，这样的新闻我很难相信；再说，这个“浐”字也太生僻了，虽说浐河是盛唐时所谓“八水绕长安”的古河之一，毕竟其知名度根本没法跟“泾（河）渭（河）分明”的“泾渭”和“灞桥折柳”的“灞（河)”相提并论。挂职该区的一位作家不无自豪地说,你不知道我们的“浐灞足球队”吗，在全国也挺有名的？奈何我从不关心足球。

看了这个浐灞生态区，完全改变了我二十年间三次到西安对这个“废都”的印象。虽然成立不到四年，只完成了三期建设的第一期工程，已治理的核心区域近五十平方公里，已有所谓青山白郭、绿水人家的气象。去年在这里举办过“2007F1 摩托艇世界锦标赛”；去年在这里的一个人工岛上建成“欧亚经济论坛”永久会址，并成功举办了该论坛的第二届年会；继昆明、沈阳之后，“世界园艺博览会”已敲定于2011年在这里举办……西安新近基本建成的“国家级文化产业示范区”曲江新区，是以皇家园林遗迹和佛教文化古迹为依托而开发的旅游休闲地，而浐灞生态区它诞生于天人合一、科学发展的理念，是城市环境治理、生态补偿的需要，也是城市扩容和产业升级换代的需要。由于不依托于历史文化遗产，其创新对于全国各地包括广东更有“示范园区”的价值。

我曾问，你们搞生态建设，什么桃花潭景观工程、雁鸣湖千亩湖泊湿地等等，哪来的这么多土地？回答是，这里以前是西安的垃圾场和排污泄洪地，整个区域居民本来就很少，“桃花岛”是垃圾场改造后遍植桃树得的美名，浐河的变清是其河段全线截污处理的结果；还有就是从秦岭北麓引黑河水注入。又问生态治理的巨额投资怎么收回，可持续的赢利的模式是什么？答案是通过生态治理提升区域（地价等）价值，再通过宜居宜创业的城市建设来实现区域价值。如果说纺织等制造工业是西安的第一代产业新城区，高新科技园区是第二代产业新城区，这里将建成以会展、金融业、创意文化等服务型经济为主干的“第三代新城”。这样的“新城”不也是我们珠三角许多城市所需要的吗？这种绿色（无污染）而又有活力（处于产业链的末端而有高附加值）的居住与创业环境不正是我们所向往的吗?

我很喜欢珠海市的生活环境，可是我家小子在珠海时不让我下海滩游泳，说这水太脏了，“你数数有几只海鸥在这里飞!”那是因为珠江入海的水太脏。为什么泰国首都曼谷那么一座特大城市，穿城而过的湄南河里鱼儿又多又肥,流过广州的珠江水根本没法比呢?潮州韩江的水清澈见底，水质不输于50年前人们记忆中的景象。据说这是因为上游梅州等地还没有工业污染。在珠三角制造业向周边山区转移的过程中，梅州市明确表示将拒绝走先污染再治理的弯路，他们要坚持人与环境和谐的新理念，实现“绿色崛起”……

从西安浐灞生态开发区的初步成功，我们可以得到启示和鼓舞，相信只要有先进的发展思路，宜居地实际并不大而人口实在多的中国，也可以创造发达国家一样生活创业两相宜的绿色家园。

“恶霸区”

西安原为七区六县，十三个行政单位，大约 2000 年之后，兴起了“县改区”，如今十三家变成了“十一区二县”，念起来没有“七区六县”那般顺口。

大家一窝蜂地县改区，自有他的道理。副省级市的区是副厅级，而县既曰县就是正县级。县一改区，领导齐步走，特别是原来乡镇一级改成办事处，听起来没有乡镇威风，可级别从科到处，平地升了一大级。县改区，得了面子伤了里子，权力小了一大截，原直接管理的规划、土地、公安等实权岗位都上收到市，也算有得有失。

细想，《说文解字》对县有解读，“县”“悬”通假，曰：县，悬也，县悬于郡。唐德刚先生的解读更进一步：“县”的本义是“悬而未决”，不是“悬于郡”。因为在古代封建制度下，土地不能自由买卖，它的所有权不是“封”人，而是受人之“封”。但是有些新近开拓的土地，在未找到适当“受封者”

之前,则暂时不“封”。这种“悬而未决”的“待封”土地，便是“县”。它由国君派一文官暂时管理，这种暂时性管理员，便是后来的“县令”或“县长”。

原来如此，县属于悬而未决，所以大家心不踏实，非得上下齐手。等改了区，一颗悬着的心才能放下。

怪不得!

改区以后,一般在原县名后边把县改成区,如“长安县”改成“长安区”,“高陵县”改成“高陵区”,开始有点别扭，慢慢也就习惯了。单字的县可就难办了，如户县，过去是鄠县，后来简化汉字改成了户县，县改区叫什么名就犯了大难:依例叫“户县区”，县区同义反复，且简称又变成县，自我矮化，不能用。一种意见，依其方位叫“西户区”，后来发现谐音“稀里糊涂”，更不好。争执不下，差点误了县改区窗口期,后来只好匆匆确定了恢复繁体“鄠”字,叫“鄠邑区”。

“鄠邑区”难得上一回中央电视台新闻，可是不小心，播音员念成了“恶霸区”。

组建浐灞

2004年4月，市委书记找我谈话，让我兼任西高新区党工委书记。我推辞了，理由是我在雁塔区利用街办党校发展农村党员的试验还没完成，我在雁塔区首倡的“大水大绿工程”——杜陵万亩都市森林、浐河治污暨雁鸣湖湿地建设进入关键阶段，担心这两件事功亏一篑。我说：“我知道出任高新区书记是重用，对未来个人发展肯定是好的，但我希望让我在雁塔再干上一段，把这两件事干出名堂。我可不是客气地推辞，我是坚辞。”

为此，书记特意考察了雁鸣湖湿地工程，看了浐河沿岸长藤结瓜的五个湖，看了岸边勃发的柳树、芦苇、菖蒲，他伸出大拇指说：“王军，你这是慧眼识珠、变废为宝，彻底改变了浐河垃圾滩的形象。全市都应该把‘大水大绿’干起来！”他接受了我的意见，调整了让我去高新区的动议。

这年9月初，市委书记又找我，让我担任书记、主任，组建浐灞河开发建设管理委员会，继续兼任雁塔区委书记，把“大水大绿工程”干好。我没有一点犹豫，承担了新的责任。

2004 年 9 月 9 日，浐灞管委会在浐河边的半坡度假村正式挂牌，西安大规模治理水系工程由此全面展开。

伍

藏晖

2005年12月—2011年6月，任西安市委常委、宣传部部长，同时兼任浐灞生态区党工委书记。

与许倬云先生漫谈

大约是2006年的夏秋之际，我在西安请许倬云先生吃饭，亲身领略了先生的智者风采。席间，许先生抓过我的手按住他手背暴起的血管说：“我今年七十六岁了，血管就像冬天浇花园冻住的胶皮管子，随时都可能爆掉。”他那种淡然的对待生死的态度，震撼了我。

和许倬云先生餐桌聊天实录：

一、聊和谐社会

王　军：最近中共召开的十六届六中全会系统阐述了构建和谐社会的理念，并且提出建设核心价值体系这一新的命题。对此，先生怎么看？

许倬云：领导人今年提出和谐社会，这是好的口号，比以前的口号都好。和谐社会包括精神上要和谐，观念上要和谐。和谐是要“和中容异”。就像我们吃的菜，不能净吃咸的，也不能净吃甜的，要“五味杂陈”“和中容异”。

王　军：五味杂陈、和中容异，君子和而不同，这对核心价值体系的构建非常重要。我认为，我们共产党不仅仅是马克思主义政党，也应是中华道统的继承者，把当今世界先进的文化融入中华文明的万古江河。应该认真研究礼、乐、雅、道等中国传统，把以人为本、天人合一、贵和尚中、和而不同的中国传统文化精华和现代文明完美结合，加以弘扬，重构中国人的精神生活和价值体系。

许倬云：是的。

王　军：民族心理也是影响核心价值体系的一个重要因素。您今天讲了一点，就是我们这个民族由于近一百多年受压迫，心理有些扭曲，自大和自卑是交替的。就像一个东西的阴阳两面，有时自大，有时自卑，有时有一种极端的民族主义情绪，有时又有全盘西化的意识，这对我们国家来说是很危险的。

许倬云：对。就像食品要吃进肚里，叫“爱吃先知味”。中国一定要被逼得成为大国，不是因为我们自己要转变，而是别的国家要下来——我们要上去，别人就要下来，所以我们一定会被“逼”到大国的位置，所以要切忌骄傲。

王　军：大国是客观事实，但要防止“暴发户”心理。

许倬云：阔得无边会变暴发户。

王　军：我们这个民族心理是，一方面长期被人压迫、欺负，很不自信，心理不平衡；一方面又认为自己曾经阔过，所以又很自大。

许倬云：我写《万古江河》有一个意思，是说我们中国是人类的一部分，每种文化都在奔向大海，我们也一样要奔向大海。我们一路也吸收了很多东西，不只是自己独创，所以也不能“关门”。我写《万古江河》的宗旨就在于此。

王　军：我非常喜欢您的这个观点：中国文化的特别之处，不是启发、同化别人，而在于“容纳之量”和“消化之功”——我认为这八个字是理解您著作的一把钥匙。

许倬云：谢谢你，你真是我的知音。因为必然而至，中国要重新获得地位，世界要重新进入新的文明。对那个新的文明，我们没有准备。

王　军：中华文明已经不是汉民族的文明，而是在征服与被征服的过程中间形成的新的文明。就像元曲中讲的：“把一块泥，捻一个你，塑一个我。将咱两个一齐打破，用水调和，再捻一个你，再塑一个我。我泥中有你，你泥中有我。”我是这么理解您的意思的，不知对不对？

许倬云：对，是这样子。所以，我们对西方不要迎也不要拒，我们要消化。消化就是不要伤着自己。所以我这本书不是教科书，是要提醒我们年轻一代要有心理准备。这几年来，我到各处就像“传教士”，目的是要提醒大家，我们不仅是要复兴中国，而且是为人类共同未来的新文化尽我们的一份责任。

王　军：融入世界，承担一个大国的责任和义务。

许倬云：对，是为未来开个新局面。我们的未来是个迷茫的时代。未来最麻烦的是，我们今天所有的文明和主要的道德价值、伦理价值都面临挑战。

王　军：而且有个重建的过程。

许倬云：重建和重新阐释，这一点中国人责无旁贷。但是我们太多的中国同仁没有注意这一点，总以为只要超英赶美就行。

王　军：在GDP上考虑得多了点。

许倬云：和谐社会是许多方面的和谐，所以不能排斥其他可能性。这个世界改变太快，万一有一天我们需要某一种东西，例如某一种基因，我们老早就把它灭掉了，那是不行的。我们把它容纳下来，万一哪一天它就有用了，就可以为我所用。

王　军：对，要尊重生物多样性，也要尊重精神层面的多样性。人们的物质生活极大丰富，但是精神生活出现了问题。

许倬云：越来越盲目了。在美国，有三分之一的婚姻是以离婚结束，另外有三分之一是不结婚。照目前“一胎化”这种态势，如果再加上婚姻自由，离婚方便，那么将来的五伦只剩下母子一伦，别的没了。因为一胎化导致人们没有兄弟了，父母一离婚，父不见了，只剩母子俩了。

王　军：所以要注重中国传统文化的教育。就像刚才沈冬教授讲的，文明养成要从孩子抓起，让他一年级做什么，二年级做什么，这是教育值得借鉴之处。

许倬云：你是我的知音。

二、西安是中国人的祠堂

餐叙中，许倬云提出“西安是中国人的祠堂”的命题。

王　军：我们这次研讨会的主题是“历史记忆与城市文化”，您对西安在城市建设与历史文化的关系上有什么建议呢？

许倬云：西安是中国人的祠堂。我们在西安，也就是当年的长安，想念大唐是个好事情。除了拿来吸引外国游客以外，我觉得也可以拿这些景点来回忆西安的过去，提醒我们国人：除了缅怀过去的光辉以外，我们要想想，过去为什么能够如此光辉，以及后来为什么不能如此光辉。

我觉得要做一件事情，要在长安建一个先贤祠，就像家族的祠堂。祠堂里面总会有祖宗的一些可称道的事情，放到那里可以激励子孙。我认为，西安能够当作我们中国人纪念祖宗的祠堂，专门提醒汉唐两代的“汉之所以为汉，唐之所以为唐”的精神所在。我们中国的古代城市和欧洲的古代城市有不一样之处，就是他们常常有石头做的原物。我们因为是土木建筑，常常没法留下，所以今天要重建。重建是无可奈何的事，但也给了我们一个机会，让我们用重建作为一本一本活的教科书，一页一页地提醒国人：“汉之所以为汉，唐之所以为唐”的精神所在。

我不知道未来西安的建设是什么样的，假如我有机会来建设一些景点，我会找出一个地方，拿汉朝、唐朝重要谏臣的故宅作为景点。举个例子，唐朝魏徵、狄仁杰的事迹和汉朝司马迁的事迹都放到那儿，给大家说，就是在当年那么高耸、那么庞大的皇室（建筑之内），还有那么多人愿意冒着生命的危险，为了正义，为了人民，为了国家劝谏。所以可以建“劝谏厅”。我想起一个劝谏厅的名字，叫“十思厅”，就是唐太宗的“十思厅”。我相信芙蓉园今天可能有若干李白的诗歌放在那里。还有很多表现自由奔放思想的诗歌和文章，都可以放在那里，变成碑林或者回廊上的刻石都可以。但是要提醒，因为大多数游人是不会注意的，我们的导游同仁要给游人解说。在市政建设上，这一部分也要有若干强调。在大唐芙蓉园里面，还要有个地方来说明当时朝代的群臣来自世界什么地方，做些什么事情，来体现唐朝的宏大。

王　军：“西安是中国人的祠堂”，这个提法很经典，不仅可以作为西安旅游的广告词，对海内外华人会有吸引力；更可为西安的城市建设发展提供一个思路：西安要担当起时代和国家赋予的特殊城市使命，就要认识到西安的建设发展绝不仅限于一般城市发展经济、宜居宜业等普遍性的诉求，同时，还要以城市形态表达中华文明的演进过程，表达中国人的价值追求、审美追求和精神追求。

许倬云：这也是我对西安的期待。

三、聊于右任

2006年11月，许倬云先生参加了“西安：历史记忆与城市文化建设研讨会”。聚餐时，许先生兴奋地谈起刚刚看过的《梦回大唐》歌舞表演，提了一些具体修改意见。我怕记忆不准，就在饭桌上放了录音笔，之后把我俩席间谈话整理了一下，竟有许多意外收获。其中讲到于右任，原话照录就很有意思：

许倬云：你是西安的宣传部部长，于右任是秦人的代表，你们宣传不够。于右任是三原人，少年时意气风发，以匹夫之勇振臂一呼，万众可以跟着他投募从军，在西北居然是异军突起，成为革命的一支劲旅。但这个豪气到了后来，秦人不以为继。在政治上他没有得到他想要的东西，所以转为诗和书法。诗有五言绝句、七言绝句，长歌短歌都有，自由浪漫还是一样。草书超乎法度，风流云动。诗跟书都上承李白。他给朋友写字，最多的是李白的诗。但他自己又是“关学”的后裔，做“监察院长”几十年，不苟颜色、弹劾权贵、整肃风纪，这都是关学教人正派的一种精神。所以，一方面自由浪漫，有唐风；一方面又有端正规矩的关学精气。

王　军：您和于右任先生有过交往吗？

许倬云：他是前辈，太早了。我认识他，也是我在美国读书期间，每次回台湾，承蒙他召我去问问话。有一次他找我去，谈了两个钟点。我不敢太叨扰他老人家。他给我写过一幅字，就是李白的“宣城太守”。他的小女儿和大儿子之间的年岁差了28岁，等于父子两代人。他给两个小女儿起的名字很有意思,一个叫想想。孩子的母亲生了孩子，问他起什么名字，他说让我想想，就叫“想想”了。还有一个叫“未名”，就是没有名字，就叫“未名”，很潇洒。

王　军：很有人格魅力。

许倬云：是的，所以他能服众。他有很多部属，几十年追随他,虽然不发薪水,但自愿跟他走。他当年振臂一呼，一下子就编成了五千人的部队，是不容易的。他有声有色，有感情，有血有泪，敢说敢笑敢哭。

王　军：在他身上集中了中国文化人的特点，既有魏晋之风，又有入世精神。

许倬云：有革命的精神，又有诗人的气质。他是个大胡子，张大千也是个大胡子，两个都是美髯公。有一次，他问张大千：“你晚上睡觉胡子放被子里面还是外面？”张大千回去睡不着了，胡子放里面不是，放外面也不是。第二天,张大千问:“右老你睡觉胡子放哪里？”于右任说:“管它呢。”你看，这就是境界，很潇洒。于右任有大胡子，但不被大胡子所累。张大千有大胡子，但是被大胡子所累了。

王　军：张大千是为艺术而艺术，而于右任人生就是艺术，生活就是艺术。

许倬云：是这样。他一写书法就写草书，而且真好看。他归纳出草书法则，编成《标准草书》，教人怎么写草书。于右任是无所为而为，这个境界最高。但于右任不是无情之辈，他可以到达“葬我于高山之上兮”的境界，哭着写，不是没感情，而是极深极深，所以才会到死还这么哀婉。这个陕西人，我不仅佩服他，而且喜欢他。于右任是陕西人中一个了不起的代表。

布莱顿饺子

2007年9月7日，世界园艺协会理事会在英国海滨城市布莱顿举行，我率中国西安申办团队参加。在提交了申办报告后，由我做最后陈述和答辩。

有代表问：大家都知道，西安是世界著名古都，如果申办一个历史文化方面的博览会，是没有什么问题的。但不知西安在申办一个有关生态和自然方面的博览会时有什么优势？

我：过去我们西安出来办事，请的“形象大使”无非是秦皇汉武唐太宗，代表西安悠久的历史；或是李白杜甫司马迁，代表西安灿烂的文化。今天，我带来了四位新朋友：熊先生、金先生、牛先生和朱小姐。熊先生是熊猫，金先生是金丝猴，牛先生是羚牛，朱小姐是朱鹮。这四位都是对生态环境要求极高的世界濒危动物，它们都健康自由地生活在西安郊外的秦岭。而秦岭是中国的南北分界线，是中国两个最能体现生物多样性的地区之一。这，就是西安申办世园会的优势。

代表们报以热烈掌声，没有人再提新的问题，西安主办 2011 年世界园艺博览会水到渠成，获得一致通过。

庆功会在中餐馆举行，最后一道菜是饺子。有好事，谁还不来顿（布莱顿）饺子。

访美杂记

2010年出访美国，推广西安2011世界园艺博览会。在纽约，主办方安排我到一所大学演讲，题目是《中国城市化的生态环境问题》，袁岳博士客串翻译。三十分钟主题演讲之后，是听众自由提问环节。

一位美国听众发问："听说中国城市至今还没有实现垃圾分类，请问阁下怎么看？"

答："关于垃圾处理，2007年我曾作为中国市长代表团一员，专程考察过欧洲许多城市的垃圾和污水处理，这次在美国也学习考察了美国的垃圾分类，收获很大。欧美垃圾分类不论是四个还是六个垃圾桶，都是源头的、横向的垃圾分类。

"我请大家和我一起，沿着在中国西安我家垃圾的流向，看看中国的垃圾是如何处理的。首先，中国的家庭主妇是节俭的，她知道哪些家庭废品是可以换钱的，如废旧报纸、书刊、酒瓶，她会攒下卖给废品收购站，这是第一次分类；垃圾进入小区垃圾桶之后，保洁员会将包装盒类折叠打捆，可以卖钱。垃圾进入压缩站后，那里工作人员会再挑拣一遍，这是他的副业；经过压缩后装车运输到江村沟垃圾填埋场时，那里有职业拾荒人早已等待着，再次细细分拣，这个场景我在巴黎的垃圾场也见到过，不同的是，巴黎的分拣员是政府雇用的北非人。

"可以看到，在中国城市，垃圾不是不分类，而是垃圾处理全过程的纵向分类。不是政府强制，而是利益驱动，这也体现了市场经济的特点和中国特色。当然，这里面有不精确和不完善的地方，我们正在改进。比如这些年，最大宗的垃圾是建筑拆迁垃圾，我们应该多建建筑垃圾消纳处理厂，对建筑垃圾资源化处理，具体就是把建筑垃圾中的金属材料分离回收，砖块水泥粉碎变成水泥原料或铺路材料。城市垃圾总量排第二的是厨余垃圾，一方面我们推广净菜入市，一方面可以考虑生产一种廉价的打浆机，类似榨汁机那种，发给市民，把大部分厨余榨汁从下水道排走。这两件事做好，就能最大限度做到城市垃圾的减量和资源化。"

另一位美国听众的提问，让担任现场翻译的袁岳为我捏了一把汗，他用中文提示我敏感问题可以略过。问题是："中国城市有没有贫民窟？"

答："贫民窟的问题主要是治安问题和环境问题，大多数中国城市现在有相类似的地方，我们不叫贫民窟，叫城中村。我们有一句行话，'管好城市是银牌，管好城中村才是金牌。'我们现在的办法是，对具备条件的城中村拆迁改造，兴建新的城市社区；对暂时不具备拆迁条件的城中村，在治安和环境方面提高治理水平。在城市化过程中，对城中村，既要正视它的问题，也要肯定它的贡献。因为生活成本低，城中村容纳了大量城市急需的初级劳动力，这一方面为农民变市民提供了过渡的跳板，同时也为城市提供了廉价的社会服务，提高了市民的社会福利。比如上个月，我们家的钟点工要求涨价，原因就是附近的城中村拆了，她的时间成本、交通成本都提高了。所以，对城中村，既要正视它的问题，也要肯定它的贡献。"

最后的提问者是一位中国听众，他用普通话提问："我知道你是西安的宣传部部长，请问你认可普世价值吗？"

我笑着说："馅饼还是陷阱？这是一个问题。馅饼，我不爱吃。"

冷场，片刻，掌声。

后来又到了波士顿。哈佛是一定要去的，是燕京学社的塞奇教授接待的我们。

塞奇是中国通，他七十年代作为中英交换生，在南京大学留学，自称“工农兵学员”，和中国学生一样，下过乡，参加过各种政治运动。交谈中不时冒出“斗批改”“下乡插队”“批林批孔”等耳熟能详的旧词。

韩骥和塞奇坐在长椅上，望着哈佛大学的雕像，塞奇问，我们可以聊点什么？韩骥说，听说向您提问要付费。

袁岳是美食家，带我们去的都是著名餐馆。到了波士顿，他去耶鲁了，我对大家说，咱们随便吃点吧，别太贵了。看见一家挺破旧的餐馆就走了进去，一楼是大餐桌，我便领着大家上了二楼，随意在一个火车皮座位坐下。壁板上挂一个金属牌，印着美国国旗。叫来服务生一问，说这是肯尼迪总统固定的座位。这家餐馆是 1826 年开业，是美国最古老的餐馆。看来餐馆也不可貌相。

在华盛顿和石桥智库会谈，智库负责人，前总统国家安全顾问博格说：“我，你们大概都不认识，而我的助理，你们可能见过。”他旁边一大帅哥，果然有点眼熟，原来是《北京人在纽约》里演大卫的那位。

骑马

每一个少年都有一个英雄梦，我四十多岁迷上了骑马。

杜陵原平坟种树那段时间，我几乎每周都有两三天上原种树、巡查。看着万亩都市森林树一天天多起来，一天天长大，心里满满都是成就感，周末也基本上都在原上度过。

因离西安电影制片厂近，有村民以当“盒饭演员”、做饭采买、装台跑腿为副业，也有人养骆驼养马供剧组使用。我看上了一匹最高大威猛的枣红马，据说演过关云长的赤兔，是主要演员。在大家撺掇下，我小心翼翼爬上马背照了张相，感觉很好。主人牵着马慢走，我紧张地抓住马鬃伏在马背上，就这样开始了我短暂的骑马生涯。

慢慢地，我就胆大起来，拉着缰绳，试着自己驾驭。一点一点，先慢后快，先走后跑，先坐在马背把自己蹾得生疼，后来居然能用双腿夹着马肚子跑起来了。我很享受骑马在林间小道飞奔的感觉。夏天，我光着膀子骑马，一圈下来，马一身汗，我也一身汗。

每次来，我都会给马喂点胡萝卜，马也通人性，见我就撒欢。后来这马只认我，别人骑就尥蹶子，大家说，这狗日的有眼色，只认领导。有次老朱刚骑上去，马就奔跳不止，把老朱摔了个屁股蹲，屁股兜里的翻盖手机把屁股硌了个手机形青印。他老婆问他咋弄的，他说骑马摔的，他老婆说，见过马勾子上烙记号的，没见过骑马的勾子上也烙记号。

2003 年夏天一次出差回来，我来到杜陵原上。我迫不及待，马也迫不及待。老李给我扣了个头盔，我从没戴过头盔，嫌太热脱去了。老李说，一定要戴上，威风。

我像往常一样绕着汉宣帝杜陵跑了一大圈，不过瘾，又跑了一大圈。就这一圈出大事了：我信马由缰，马越跑越快，在杜陵北侧转盘拐弯处，我紧拉缰绳，想把速度降下来，谁知马在水泥地上打起滑来，随后一个侧翻，马重重摔倒……只听咔嚓一声，我躺在地上，第一眼看见我的大腿——是 A 字形。有人过来想搀我起来，我连喊：“别，别，我腿断了。”我拨通了曾在红会医院工作过的史南征电话，让他赶快安排手术。大伙用一块广告板把我抬起，塞进越野车，送到了医院。

经检查，除右大腿骨折断外，股骨头三分之二骨折、膝盖骨粉碎性骨折、小腿骨骨裂，右肘鹰嘴粉碎性骨折。头盔的尼龙筋梁也摔裂了,幸运的是,戴着头盔的脑袋没事。

市委栗书记和市长都赶到了医院，搭手把我抬上了手术台。

骨科医生头一次给市级领导做手术，难免紧张，主刀的靳院长不时责备助手护士手忙脚乱。趁麻醉还没上劲，我躺在手术台上说了个段子：“女王乘马车欢迎外国元首，不料马放了个屁，女王忙解释，在不恰当的时候发生了不恰当的事情。外国元首说，没关系，您不说我还以为是马放的。”医生护士都笑了。他们哪里知道，“不恰当的时候发生了不恰当的事情”正是我此时此刻痛彻心扉的感受。

这之后，我只在梦中骑过马，享受风驰电掣的感觉，又每每被突然惊醒。

2021 年冬至凌晨，梦中骑马被惊醒，是为记。

蓝鹰与蓝鹊

2011 年上半年举行的西安世园会正好与 2010 年下半年举行的台北世园会(台湾称花博会)接力。2010 年上半年，我赶往台湾，与台北市政府协商两岸接力合作办好双方世园会事宜。

在台北市政府和郝龙斌市长会谈并签署合作协议后，双方互赠了礼品。我向郝龙斌赠送的是琉璃制作的蓝色的鹰（赢),预祝他在 11 月 27 日举行的“五都选举”中获胜。巧的是，对方回赠给我的礼品是陶瓷浮雕蓝鹊。

看到双方这样默契，大家都笑了。

《白鹿原》和崔健

2010年，在拍摄电影《白鹿原》时，我和陈忠实前去澄城探班。路上我问忠实：“你当初咋想起写《白鹿原》来着,有原型没有？”忠实说:“那一年我在大郊区文化馆工作，有天在小寨怼见一个多年没见的乡党。我问他进城做啥呢，他说给他达（陕西方言:爸）平反,刚从新疆找人写了证明。他达的冤屈就是《白鹿原》故事的由来，他达就是黑娃的原型。

“他达早年参加共产党农会，带领原上贫农斗地主分田产，后来打散了就上山当了土匪，再后来被蓝田县政府‘招安’，成了县保安大队长，和他一起的拜把子兄弟当了副队长。快解放时，他俩商量起义献城，就让副队长到西安西郊机场去寻最早一起闹红,现在当了解放军团长的乡党（鹿兆鹏原型）联系起义献城的事。后来副队长引路，解放军和平解放了蓝田。副队长因此取得了组织信任，俩人的密谋成了他一人的功劳。大队长当过土匪，有过命案，也被副队长揭发，很快镇压了。

“将近三十年后，大队长他儿跑到新疆才寻到当年接头的团长，写了字据，证明大队长早年参加革命，还是起义功臣。”

我问：“副队长后来咋样？”忠实说：“大队长平反昭雪时，他仍在县上当局长。”

2012年9月，电影《白鹿原》首映，崔健专程到西安捧场，我和陈忠实一起观看，崔健一气唱了五六首。崔健压轴唱《一无所有》时，我起身拍了忠实双手击节附和的照片。

四十年来，最重要的文学作品是《白鹿原》，最重要的音乐作品是《一无所有》，两个作品相通之处，一是震撼，二是穿越时空。

陈忠实和崔健，也算是惺惺相惜。

藏晖

文怀沙先生平素喜篆书，有次写了一幅草书赠我，写的是“藏晖”二字。跋文：“孔子尚正气，老子尚清气，释迦尚和气。余暮年创文子三字经，以之反邪浊戾三气。欲百沴辟易端在韬光养晦，苟识得藏晖二字则战无不胜也。”

文老说：“国之利器，不可以示人；家有珠玉，保险柜匿之。你看这‘藏晖’二字，看不到王军，却藏着一个王军。”我仔细看，“藏”字的“臣”部，草书正写作“王”，“晖”字半边是个“军”，才晓得是文先生是借送字规劝于我——

某次会面，我因与文老聊得尽兴，多少冷落了一些插不上话的上级和同僚。这小小的细节，文老看在心里，知道性格外露，不利于官场，以“藏晖”二字提醒我收敛。文老的心意，我一直感念在心。近来想起旧事，感慨莫名。世人者千般根器，施教者三万法门，我有幸逢文怀沙先生随缘点化，却本性依旧，真可谓“性格即命运”也。

又一次，文怀沙先生托朋友给我捎了一封信，并赠“不了了之”书法条幅。

信中说：“不会造反的陈胜来西安托带此笺。写了张‘了悟’一篇给你，与你共参妙谛。你必须学会委心任运以求身心双健。尽心放心是大学问，一定学会每天留些事让别人干去。文怀沙，2013 年 8 月 4 日。”

题跋书，“不要耽心不了，凡不了之事皆必然了之，你不了自有人来替你了。了而不了，不了即了，哪有了不了的了，妙在不了了之。我老了，许多未了之事让我犯愁，今朝大梦醒似有所悟。写赠骥野老弟共谬 癸巳夏文怀沙”。

某年值文怀沙先生生日，趁着老人高兴，我开口为新婚友人求一幅字。文老拉着我来到书房，我帮他抻纸研墨。他问我写什么，我说：“就写‘文子三字经’：正清和。”

文老一下沉浸于写字状态，字写得很慢，笔画力透纸背。写到一半，文老的女儿进门来，说“爸爸，我来了”，文老专注未抬头回应。又一会儿，著名主持人文清推门请安，文老也未回应。

突然文老直起身来，连说“写错了，写错了”。我一看，仨字写成四个，把“正清和”写成“正清清和”。文老连说笔误，要揉掉重写，我挡住他说："错版比正版还值钱呢！这幅错的题上款给我得了。"文老说："字重复只怕负负得正，意思就反了。"我没话找话，开玩笑说："文老，刚才您女儿进来，您是身不动，心不动。但大美女文清进来，您虽是身未动，心却动了。"文老连说："何以见得？何以见得？"我说："这个多出来的'清'字，正是文清的'清'。"

文老听后开怀大笑，之后思忖片刻，遂提笔补上边款："右释文：正清清和，以兹三气扫靖邪浊戾，清不厌复，取义易，未济云，不敢示人，骥野强索，谑近虐矣。""清不厌复""谑近虐矣"，一语双典，救误为正，堪称佳话。

顺便提一句，"骥野"是文怀沙先生为我起的字，意为王军，为王前驱，字骥野。

还有一次，在西安和文怀沙先生聊天，说到有的文化人文品高而人品低，我问他怎么看？

文老随手用压气壶给茶杯添上水，说："你们西安的水好，可以用这种压气壶，把底下的水压上来喝。北京水硬，有沉淀，不能用压气壶，只能用暖水壶，喝半壶，倒半壶。"他喝口茶，话锋一转，"这些文人就和北京的暖水壶一样，上半截是清的，下半截是浊的。"

也正所谓文人无行是也。

人才

我刚做市委宣传部部长时，到报社调研，谈到重视人才问题时说："我兼着省足球协会主席，知道报社有个体育记者叫贺晓龙，上海体院传播专业毕业，文笔好，足球报道写得不错，在全国足球圈也很有名，后来怎么跑到《华商报》了？"

报社领导笑着说："这人不够成，过年报社发一袋面，他花三百块租车送回老家，脑子进水了。"

我说："你可别小看他，他是懂传播的。我给你三百块，你能不能给自己做个孝子的广告？多少年大家还传颂，连我这宣传部部长都知道。"

后来，贺晓龙又被当成人才引了回来。

倾国倾城

中央电视台办了一档推广城市形象的节目，叫《倾国倾城》。这一年在西安大唐芙蓉园办了一台晚会，请了一众明星大腕。当时室外气温较低，轮到某知名女演员登台表演时，一个男青年从观众席跑到舞台上，把自己的围巾围在她的肩上，并趁机亲了她一下。下面观众纷纷起哄，其中不乏指责男青年的声音。大家正不知这位女星将如何应对之时，只见她轻轻推开男青年，粲然一笑说："西安的朋友太热情了，热得让人有点承受不起。"瞬间，一场尴尬化于无形，观众席响起了掌声。

晚会结束后，我们都夸奖这位女演员处理突发事件时的大度、大气，为自己加了分。但也有人说，她也可能失去了一次成为中国法制史上标志性人物的机会。如果她能向公安机关提告对方性骚扰，肯定一告一个准，毕竟绝大多数性骚扰都因为取证难而无法立案。

《倾国倾城》栏目组后来在黄浦江游轮上办了一台电视直播节目，请了六个城市的领导为当时的“网红”城市丽江提建议。我当时给出的意见是，丽江发展商业旅游给了我们很多启发。但是将原住民大量迁走，一些好的生活方式和传统文化也随之流失，很可惜。市民是城市的主人，旅游城市服务好自己的市民是第一位的，服务好游客是第二位的。城市首先是给人用的，其次才是给人看的。政府是解决麻烦的，不是添麻烦的。

吴天明

2007 年前后，曲江成立影业集团，请吴天明做董事长，他很看重，找了一帮老哥们儿准备大干一场。后来发现寸步难行，他这个董事长是挂名的，报个车票都要副总经理批。当时网络上多人发帖热议，他找我发牢骚，说："老段把我当撖（音同肘）胡子了（陕西方言：傀儡）。"我说："你二十年前在西影当厂长，一言九鼎。那时国企刚开始改革，正兴了你这号大刀阔斧敢做敢为的人。现在市场经济了，情况变了，资本说了算。曲江对你还有个熟悉过程，当下主要用你做旗帜，就是当好'撖胡子'。你和老段是两个时代的英雄，你俩这是关公战秦琼哩。"之后，老吴和曲江和平分手。

2014 年 3 月 4 日，吴天明在京去世。我当天在微博写道：吴天明走了！一个倔强耿直的老头，一个疾恶如仇的男人，一个过去年代的英雄好汉，一个满怀赤子之心、活蹦乱跳的家伙，怎么突然就走了呢？！

哂然一笑

我的前任区委书记是个风趣的人，曾经担任过蓝田县县长。有一次他带队外出考察，同行的一位女同志，是另一位前蓝田县县长的夫人。

在向主人介绍考察团成员时，他先自报家门，我是雁塔区委书记，也是前蓝田县县长。紧接着介绍那位女同志，是某某局局长，也是前蓝田县县长夫人。

热情好客的主人就把他俩安排到了一个房间。

我刚到雁塔工作，由区人大常委会任命为代区长。一天有人推门进来，大大咧咧坐在沙发上，自我介绍是中组部派来暗访，选拔优秀青年干部的。我说，选拔干部你找组织部。他压低声音说："王区长，我听说你很不错，是个好苗子,你可不要错过机会呀！"说着拿出一个表格让我看，上面姓名一栏写的是"王军代"。我一看就笑了："你找错人了，我叫王军，不是王军代。”他说：“不可能！”说着就掏出一张报纸，“这上边写得明明白白，雁塔区王军代区长么。”

我在碑林区委做副书记时，常在附近一家理发店理发。后来工作调动，就换了理发店。大约二十年后，我偶然又来到这家理发店，理发师客客气气给我戴上围布，刚要开剪，却突然说：“你是王书记？”我看着似曾相识的面孔，认出她就是当年给我理发的小董。小董说：“看你面熟，没敢认，看见你头顶发旋才确定是你。”

无独有偶，这具有职业特点的记人方法我还遇到过一次。有次，我到医院看牙，王大夫看完后说一周后复诊。我一周后如约再来，王大夫看我一眼说：“到后边排队去。”快下班时轮到了，我坐上诊台，刚张开嘴，王大夫说：“你是王书记！不好意思，刚才没认出来，看了你这牙才认得。”

陆

虎驮灞上

2004 年 9 月受命组建西安市浐灞生态区，任党工委书记、管委会主任。其中 2004 年 9 月—2005 年 12 月兼任市委常委、雁塔区委书记，2005 年 12 月—2011 年 6 月兼任市委常委、市委宣传部部长。

2011 年 6 月受命组建国家级新区——西咸新区，任西咸新区党工委书记、管委会常务副主任、西咸集团董事长。

广运潭

“灞上烟柳长堤，关中风情广运”，描写的就是千年前的浐灞盛景。唐朝天宝年间（742 年—756 年），唐玄宗登临望春楼检阅运输船队，长安万人空巷，涌入灞渭三角洲，载歌载舞，实施交易。这是“文化搭台、经济唱戏”的原始版。为纪念这次活动，唐玄宗将望春楼下之水潭命名为“广运潭”。

这次活动，展示了盛唐陆上丝绸之路和海上丝绸之路的交会融合，是世界上有文字记载以来的第一次博览盛会。2007 年 9 月，在向英国布莱顿世界园艺协会年会申办 2011 年西安世界园艺博览会时，我在致辞中将广运潭作为申办地址，专门介绍了这段历史。

盛唐之后，由于生态恶化，渭河水运中断，武则天到洛阳“就食”，从此长安作为中华民族盛世的象征暗淡了，广运潭作为盛唐时的水陆码头衰败了，逐渐淹没在历史的灰烬之中。

千年辉煌过后，曾经繁盛一时的水陆码头，由于长期的无序发展，河流污染、过度挖沙、垃圾围城，生态破坏极其严重，地质灾害隐患重重。2004 年 9 月，浐灞生态区成立，一号工程就是灞河生态治理，其中包括灞河右岸几平方公里的沙坑治理项目，将长年取沙形成的大小沙坑水潭，随形就势，取坑为湖、取陆做洲，引灞河之水济之，形成了湖中有岛、岛洲相连，洲内有潭、积潭成渊的良好生态景观。

我们从故纸堆里找出曾位于灞河入渭口的“广运潭”，移植于此，重新命名了这片美丽的湖泊。

桃花潭

浐河发源于秦岭库峪和汤峪，一路向北从神禾原、白鹿原与杜陵原之间穿过，然后流入西安城东——著名的纺织城、军工城就坐落在城东浐河两岸。

浐灞生态区成立之前，城东工业区的工业废水和百万居民的生活污水直排浐河，污水总量竟超过了河水径流量。加上马腾空和米家崖两大垃圾场的污染，河水混浊黏滞、臭不可闻。2004年组建浐灞管委会，我带着班子第一次考察浐河，不用眼睛找路，是靠鼻子闻着味儿走到浐河边的。

为了解决河流污染，我们下令关停了马腾空和米家崖垃圾场，在浐河米家崖东岸建设了城东第一个污水处理厂。但建成后一段时间都没能达到设计要求，原因竟然是江村沟垃圾场渗滤液浓度太高，像硫酸一样，把机器蚀坏了。

在米家崖垃圾场的原址上，我们把浐河扩出一个近千亩的葫芦状水面，种上芦苇、菖蒲，使污水厂处理之后的排放水进一步净化。岸边堆集了三座土丘，分别种上桃树、杏树和樱花树，浐河的水质和环境发生了根本改变，“玄灞素浐”又回到现实。

灞河景象是“灞柳风雪，折柳相送”。相对应，浐河就应是“桃之夭夭,灼灼其华”。桃红柳绿,相映成趣。“柳”“留”谐音,“折柳相送”是友情的佳话。相对应,我借用李白“桃花潭水深千尺，不及汪伦送我情”这描写友情的最美诗句，命名这片湖泊湿地——桃花潭。

选择出来的“浐灞流派”

2004年9月9日,浐灞管委会成立。如何治理浐灞河?主要是修筑驳岸、整理河床，然后按坡降比，大约每三公里修一道橡胶坝，拦河蓄水，形成大水大绿。

整体方案有了，但摆在我们面前的，至少还有三道选择题。

首先是如何蓄水?当时有两种方案：一是将河道两岸向外扩展成“大肚子”，将右岸两堰之间的沙坑纳入河道，形成一个万亩大水面。这一方案实施简单，工程量小，且容易形成轰动效应,缺点是改变了自然风貌,生态效益较差;二是以内堰为灞河驳岸，堤内蓄水，堤外两堰之间不蓄水。

我们压抑了内心对轰动效应、快出政绩的冲动，没有盲目追求大水面，采用了尽可能尊重自然、追求长远的第二方案。

第二道选择题，河道蓄水后，两堰之间挖沙造成的沙坑如何治理？也是两个方案：一是两岸均规划成建设用地，尽可能多地形成河景房，实现经济效益最大化；二是左岸起楼，右岸不起楼，对右岸两堰之间的沙坑因势利导、因地制宜地进行改造，形成五千亩湖泊湿地。这一方案实施复杂，工程量大，好处是弥补了堤内蓄水淹没河床湿地的缺憾，就是《龙江颂》里讲的“堤内损失堤外补”。

我们克制了快出形象、卖地赚钱的诱惑，仍然采用了使城市更具美感、生态效益最大化的第二方案。有人认为采用这个方案，灞河一岸起楼，一岸不起楼，黄金地段做湿地，太可惜了。实践证明，这个方案不仅扩大了湿地和水面，延长了城市绿线，也扩大了城市开发的辐射面，实现了生态效益和经济效益的双赢。也正是采用了“堤内蓄水，堤外湿地”的方案，才生发出后来2011西安世界园艺博览会的举办，成功推销了“华夏故都、山水之城”的城市形象（2011年西安世界园艺博览会，就是在这片湖泊湿地举办的）。

第三道选择题，河道驳岸怎么修？一种意见是像大多数城市河流一样，对河道截弯取直，驳岸硬化处理，这样做成本低，工期短，更容易达到城市防洪标准；另一种意见是不改变自然岸线，河道随弯就弯，驳岸硬质部分不出水面,水下“硬包软”(石料砌在表面),水上“软包硬”(石料上覆土并种植芦苇固土)工艺，使修筑过的驳岸更像自然驳岸。

我们同样把尊重自然、重视生态、城市的诗意与美感放在前边，选择了第二方案。

还有一些随机的选择，可以看出浐灞人的爱心和智慧。灞河河道内原有一片柳林，在蓄水之前清理河道的时候，我们并没有简单地一砍了之，而是抱着试一试的态度，把它们保留了下来。汛期树干大部淹入水里，我们定期降低水位，让柳树透口气，柳树居然活得很好，形成了浐灞一景——水上柳林。我们在蓄水的河道中还有意识地修筑了一些人工岛，同事六齐说 :“给鸟儿留了谈恋爱的地方。”

现在回头看来，这些选择都做对了。从生态角度看，既扩大了城市之肺——水面，也增加了城市之肾——湿地。

从经济角度看，虽然暂时减少了开发面积，但延长了城市绿线，使其更具诗意和美感，并在更大的区域范围提升了价值。

总的来说，浐灞治河，坚持生态优先，兼顾平衡经济、文化、防洪、农业和景观的做法，被水利专家称为“浐灞流派”。

虎驮灞上

我请平凹题“灞上”二字,世园会时刻石立于灞上人家。

与平凹观石，竟有意外发现：刻石正面有一草书“虎”字天成,与石刻灞字相叠。平凹遗憾:“如不相叠就好。”我说:“虎与灞，意气相通，此乃天意。”

更有奇者，石背一侧似有虎字硬笔所书，另一侧更有一虎盘卧，呼之欲出。观者皆称奇。

以下是平凹的《记灞上石》全文：

王军在浐灞当主任的时候，同时还做市宣传部长。他是官员，但我一直认为他是学问家，所以十数年里，我敬重着他的领导，更亲切着他的朋友。当浐灞才开始设计，他就邀我及一帮文化人去实地察看，要我们献计献策。后来开始大规模建设，每一个阶段又邀我们去参观，可以说，哪一处聚水为潭，哪一处修道建亭，哪一处植树筑桥，我没有不清楚的。他常常是三更半夜地就打来电话，你约几个作家来给十几座桥起名呀！要修个长安塔，你来参谋一下看在哪儿建着好？你得提一些字呀，将来刻到石头上！他声调柔和，但透着霸气，我不能不去。而约一帮文化人，他们问：有报酬吗？我说：反正没给我一分钱。大家一边骂着王军啬皮，一边还是热热闹闹地去了。

又是一个晚上，他来电话：看不看你题写的“灞上”二字，刻上石头了！“灞上”二字是他当初提出来让我写的，我十分欣赏这两个字的雄浑之意，它最能配得浐灞新区的壮景，也足以显示浐灞建设者的豪情。我也是认认真真书写了。第二天，王军带我去看刻字，他之前只是要求把这两个字刻在最大的石头上，刻得怎么样，他也没看过。我们去后，石头果然巨大，“灞上”二字刻在上边，适宜而威风！但没有料到的是，巨石上竟然还有虎的图纹。王军首先惊呼起来，问刻石人是不是特意选的这块虎图石刻的，刻石人说这倒没注意，只是选了最大的这块石头就刻上了。大家都说：哇，活该是天意，虎驮着灞上！于是我和王军立于石侧拍了照片，洗出两张，作为他一份留念，也作为我一份留念。

顺陵

顺陵位于西安机场跑道东头，是往来西安的人们第一眼或最后一眼中的西安。西咸新区成立后，我特意安排建设顺陵公园，种植大片樱花，改变客人对西安的第一印象。

顺陵是武则天当年为当女皇，把自己死去的妈提拔为皇后，越级把墓扩大为陵的结果，是离西安最近的唐陵。与同在渭河北岸第一级台原上的西汉九座帝陵相比，顺陵略显暗淡，唯陵前一对石狮冠绝天下——西侧雌狮怒目龇牙、霸气侧漏，正是武则天的真实写照。而东侧的雄狮则气宇轩昂、雍容华贵，真正代表了盛唐气象。陕西历史博物馆正厅C位，就复制了顺陵这匹狮子。

仔细观察，雄狮前胸刻了一段文字，记载了一个愿赌服输的真实故事。“民国四年，曲建堂在此纪命”，说是当地书生曲某与一富人打赌，富人说摸了狮子的蛋蛋生男娃，书生不信，以命赌富人万贯家产。结果富人妇生了男娃，书生一头撞死于此。于今可见石狮蛋蛋被求子者摸得油光发亮。

今陪同客人重访故地，公园已然建成，旧貌变新颜。

听松

汇报会开了五分钟，我就断然叫停。

这天是研究汉代开国皇帝刘邦陵园长陵的提升方案。设计院搞了个公园方案，西式花园，草坪广场，亭台楼阁，硬化道路。

我说，你这哪里是长陵方案，这是凡尔赛方案，花钱多，还办坏事，后人会骂我们。

五陵原是什么地方：登上五陵原，瞭望长安，遥想周秦汉唐，就像坐在角斗场的看台上，俯瞰一幕幕历史活剧。换个角度，从长安北望，五陵原汉九陵、九嵕山唐十八陵次第展开。又好像坐在剧场，仰望舞台上金戈铁马的古战场。

五陵原下渭水从天飘落，一手拉着秦都咸阳，一手拉着汉唐长安。

我要的不是凡尔赛规矩整齐的花园广场。我要的是雄浑厚重的大汉气象，我要的是“夕阳残照，汉家陵阙”诗意境界，我要的是李白杜甫白居易眼中长安怀古的郊野风貌，我要的是刘邦“大风起兮云飞扬”的英雄气场。

我当场决定，不再做方案，种树，种成片的黑松。

次年冬天，登长陵，北风起，耳边松涛阵阵，似有金戈铁马驰过，故赋《听松》诗一首：

冬日访古汉家陵，
听松犹有战马声。
秦汉一脉贯天地，
当下且看西咸城。

青玉案

当年我去浐灞工作，陈忠实手书《青玉案·滋水》相赠以勉励。这首词描写他的家乡灞河，蕴含自己坎坷的人生，写景抒怀。

涌出石门归无路，反向西，倒着流。杨柳岸风香透。鹿原峙左，骊山踞右，夹得一线瘦。

倒着走便倒着走，独开水道也风流。自古青山遮不住。过灞桥，昂然掉头，东去一拂袖。

我将此书刻石于灞河右岸。

风景费

陪当时的环保部周部长考察浐灞，介绍浐灞由垃圾遍地污水横流到如今的变化。

看到处处拍婚纱照的情景，部长问：“你们收费吗？”我说：“收。”看着部长不解的神情，我说：“我收他一万风景费，给他一万广告费。”部长一笑：“顺便创造了两万GDP。”

柒

《爷们儿》

2006 年—2016 年兼任陕西省足协主席，主导了中超劲旅浐灞足球俱乐部，获得陕西职业足球历史最高名次：中超第五；全运会最高名次：金牌。

孙继海

2007年9月，趁申办世界园艺博览会出访英国之际，我专门到曼彻斯特访问了曼城俱乐部，探讨浐灞俱乐部引进孙继海的可能性。俱乐部官员陪我参观了基地。在更衣室，他指着孙的一号衣柜说：太阳（SUN）是更衣室老大。那天正值国际比赛日，孙继海带着其他队员踢半场的七对七比赛。场边主教练瑞典人埃里克森告诉我，孙不错，在英国国家队也能打上主力。后来，孙继海回到浐灞队踢球，参照他在英超的工资，拿的是当时中国球员的顶薪，400万。当时国家队主力最多拿到200万。有人讲孙的工资高了，不值那么多。我说，200万是他作为队员的工资，100万是他作为中国最成功的职业球员向青年球员传帮带的学费，还有100万是我们引进大牌产生轰动效应的广告费。

乌龙世界波

2006年，朱广沪任国家足球队主教练备战亚洲杯，我建议中场试一下王赟这种有大局观、传球好的队员。

正好国家队出访欧洲，朱广沪就带上了王赟。访欧期间，恰逢欧洲列强备战世界杯，也乐得把中国队当成韩国队来热身。没想到中国队面对欧洲强国世界杯阵容，竟不落下风，打出了少有的好场面。但是，只有王赟没出场。最后一场面对当值世界杯冠军法国队，就是郑智踢断西塞腿那场比赛。赛前我给朱广沪发了一条短信："可否让王赟一试？"朱广沪回信："看情况。"

这场是中国足球队打得最好一场，大部分时间，中国队和法国队平分秋色。凭借特雷泽盖和郑智的进球，双方打成1∶1。最后时刻，朱广沪大手一挥，换上王赟，万万没想到，第89分钟，积极回防到本方禁区弧顶的王赟一脚踢疵，本来向前踢的球竟诡异地向后划出一道弧线，直入自己大门的死角——乌龙世界波！

后来见了朱广沪，我极其惭愧。朱广沪说："这球让他踢一百脚也踢不出来，可气的是他后面乱了方寸，盲目出脚，补时又让齐达内从中场断了他的球，直接导致第三个失球。"

这一进球后来入选世界十大乌龙球。

鹿血

常有人拿“打鸡血”形容人的兴奋状态，是否有科学依据我不知道，但鹿血能提高人的激素水平和兴奋程度确是真的。

2006 年元月，我把上海中远国际足球俱乐部引入西安，改名为西安浐灞。3 月中超联赛在西安开幕，谁知这支去年还在争冠行列的中超劲旅水土不服，将近两个月打了十场比赛，竟然无一胜绩，七平三负，一直徘徊在保级区。

作为省足协主席、浐灞的书记，我比谁都着急。利用五一假期，我挨个找了俱乐部总经理王国林、主教练成耀东和主力队员谈话，大家提到了训练、伤病和伙食等原因。队医给我讲了一个细节，队员到西安后激素水平下降，导致体能和场上兴奋不足。我问怎么解决？他说：“队员初来乍到，身体机能、吐纳都有问题。”我说：“这个小长假，把队员家属都接来，队里给开房，先让大家放松放松，马上办！”然后我带着队员到养鹿场,趁着鹿场给公鹿锯鹿茸，让队员一人抱一支新鲜鹿茸嘬血。又让食堂改善伙食，增加牛肉。过几天一测，队员激素水平都有了不同程度提高。

收假后的第一场比赛，迎战中超霸主——大连实德，队员状态明显有了起色，刚开始，和对手你来我往，不落下风。四十分钟后，浐灞队突然发力，五分钟内连下两城。下半场前五分钟又下两城，最后以 4∶2 拿下了八冠王。

《爷们儿》

2011 年初，世园会筹备到了最后阶段。我提议以诗人薛保勤的长诗《送你一个长安》为会歌，请作曲家甘霖作曲。在研讨过程中，我建议甘霖为浐灞足球队写个队歌，甘霖说，你来作词我作曲。

当晚，我主持接待台湾媒体代表团。我驾车前往，路上就盘算着怎么写这个队歌。突然想了两句 :“是男人就要踢足球，是爷们儿就要争上游！”我觉得意思好，也挺上口，就停下车，用短信发给甘霖，甘霖马上回复:“好，接着写，至少四句。”我又发动车边开边想，联想到当时自己工作上的一些委屈和困难，有感而发 :“不认卯，不低头，一直向前走！”又发给甘霖，甘霖连说“好”。过了一会，又发来一句 :“如果有一段有陕西特色又节奏明快的加油调子就更好了。”

我一路走一路想也不得要领。

招待会结束时，台湾著名女主持人黄宝慧突然问了一句："请您教我说一句陕西话，我可以在主持节目时用上。"我随口说了一句应景的话"克里马擦,吃咧接哇",意为"快点、快点，吃完走人"。我突然又联想到"克里马擦"和足球比赛的关系，几番琢磨，最后一句节奏词"克里马擦！"就出来了。

甘霖很快谱好曲，在北京请了一帮小孩（当然是为了省钱）录音，正在录音棚录音的著名歌唱家韩磊听见了，找到甘霖说："这歌是给我写的，我来唱。"三月中超联赛开幕式在西安举行，韩磊免费出场，在五万人的伴唱下第一次唱响了《爷们儿》。

姚明和德雷克斯勒

作为体育爱好者，我曾三次和 NBA 相关人士见面。

一次是在西安接待步行者队的老板、美国商业地产巨头西蒙兄弟。在前来的路上，对方打来电话，说希望会见时不打领带，便装家庭式会见。我一听正合吾意，赶紧脱了西装，摘了领带。哥哥梅尔文·西蒙金丝其镜，山羊其胡，将近八十岁。弟弟赫伯 · 西蒙黑边其镜，斯文其貌，看着年轻不少。兄弟俩开宗明义，来西安旅游观光，没什么正事，大家别太正式。

话题自然而然就扯到了 NBA。说到正当行的姚明，两兄弟赞不绝口，还问我 ："中国还能找到姚明这样的吗？"我说 ："你们不是有小奥尼尔吗？"老西蒙说 ："小奥尼尔是不错，就是价钱太高。我去年两笔最大的投资，一是买了小奥尼尔，二是新娶了印度世界小姐，并给她买了棕榈湾的大房子。"

临别时，他对我说："王，你是我在中国见到最懂NBA的，下赛季第一个步行者主场，我会在现场对电视招一招手，那就是专门和你打招呼的。"

还有一次是在西安高新区接待"滑翔机"德雷克斯勒。德雷克斯勒长相、个头和乔丹差不多，许多人都把他认作乔丹。我一到会见现场就展开双臂，给他来了个滑翔机姿势。他一看乐了，跑过来双手将我举高高。

那年推广西安世界园艺博览会，我率团到访休斯敦。好客的主人特意安排我们到丰田中心观看了一场姚明火箭队的NBA比赛。比赛结束后，主人邀请我们在后台（实际上是一段通道）会见姚明。一会儿，一个刚洗完澡的大个子用浴巾擦着头走过来，大家一阵紧张。浴巾拿下，原来是2.08米的阿根廷人斯科拉。又过了一会儿，姚明出现在窄窄的过道。他弯下腰和我握手，互相致意。我说："姚明，我们都知道你2.26米，但真实站在你身旁时，仍然会感到比想象中还高。"

艺术家任军负责照相，第一张有姚明没我，第二张有我，还有姚明的肚子。

伍绍祖

1999年，全国第四届城市运动会在西安举行。雁塔区负责跳水和游泳赛事的承办工作，我担任项目组委会主任。在赛事筹备和举办期间，时任国家体委主任的伍绍祖同志两次到雁塔区检查工作。

在游泳池边，游泳运动员看到伍主任，高兴地围上来。伍绍祖随口叫出队员的名字，一一握手鼓励。世界冠军陈妍刚从泳池上来，伍绍祖迎上来，拉住比自己高半头的她比了比个子，说："冠军，又长个儿了。"

看了新建的游泳跳水馆，他问我："你们西安，经济还比较落后，建这么漂亮的跳水馆，是不是有些奢侈了？"我说："西安作为西部大开发的首发城市，在公共建设上适当超前一点，不仅能带动体育的发展，也会带动城市发展，正如皇冠上的明珠，可以提高城市的品位。"我听体委的同志说，伍绍祖同志后来几次在场馆建设的会上提及"西安一个区长”的这段话。

闲聊时，我问他是哪里人？他说：“我是湖南衡阳人，可我的孙子是西安人。”看我不解，他笑着说：“我出生在西安第四医院，当时是教会办的英华医院。按照‘籍贯’的准确表述——‘爷爷的出生地’，我孙子应算西安人。”

临走，我们送他上车，他做着太极云手的动作指挥倒车，我的同事开玩笑说：“伍主任，你也会‘法轮功’？”伍主任有些尴尬地笑了笑。我忙把同事拉在一边说：“你这是哪壶不开提哪壶。”

田亮，作为“添头”的奥运冠军

在筹办全国城运会跳水游泳比赛的过程中，我认识了不少跳水、游泳名将。陕西本来没有跳水场馆，也没有跳水队。当时我们向跳水强省四川求援，四川推荐了自贡市跳水教练张挺，张挺曾获得过亚运会跳水第三名。

四川开出的条件是，转会费十万元。张挺本人提出，夫人川剧演员谭敏随调。就这个条件，卡在资金和人事方面。省体委主任最后找到省委书记张勃兴，才拍板定下来。四川省也大度，省队淘汰的队员里，让张挺挑了四个七八岁的小家伙做“添头”，其中就有后来大放光彩的田亮。

陕西这笔交易真是划算，不光田亮拿了奥运金牌，跳水从此也成了陕西优势项目，为国家队输送了不少人才。继田亮之后，秦凯也获得了奥运冠军。在巴黎第24届奥运会上，杨昊也获得了男子双人跳台冠军。

张挺的贤内助谭敏先是帮着带小队员，后来也成了优秀的跳水教练和国际裁判。

捌

灞柳长歌

送你一个长安

2011年初，临近中国西安世界园艺博览会开幕大约还有一个来月，文创策划团队报来，方文山创作的会歌被否决了。再找人创作显然来不及了，我和策划团队导演蔡薇蔓、作曲甘霖几个人一筹莫展。甘霖说："这会儿创作歌词、谱曲、找人、排练，一个流程下来怎么也得三四个月，神仙也来不及了。"说到"神仙"，我脑子里突然闪现了"一城文化半城神仙"的诗句，这是一首描写西安的长诗《送你一个长安》中的一句。因为作者是我大学同学好友薛保勤，所以我特别留意了一下，写西安最传神的就这句。

我让志杰从我办公室电脑把全诗下载下来。有人说，这诗适合朗诵，不适合歌词。也有人说，诗太长，有些内容不适合世园会主题。我现场拿起笔，按大家意见，把二十多段的诗压缩删减为四段。马上传给薛保勤，让他再改。薛保勤很快传来了歌词稿：

送你一个长安
蓝田先祖半坡炊烟
凤鸣岐山白鹿驰原
沿一路厚重走向久远

送你一个长安
恢恢兵马啸啸长鞭
秦扫六合汉度关山
剪一叶风云将曾经还原

送你一个长安
李白杜甫司马长卷
唐风汉韵锦绣斑斓
采些许诗意观照明天

送你一个长安
秦岭昂首泾渭波澜
灞柳长歌曲江情缘
掬一城山水绿了人间

送你一个长安

一城文化半城神仙

古都花开春满家园

绘一幅蓝天还有祥云一片

稿子传过来，大家都说好。甘霖自告奋勇谱曲，又找来韩磊试唱，皆大欢喜。经过世园会传播，这首歌几乎成为市歌。

巧的是，歌词涉及的西安几个地名，都是我曾工作过的地方：秦岭昂首，泾渭波澜，灞柳长歌，曲江情缘——秦岭嵯峪乡、雁塔曲江、浐灞、西咸新区（泾渭）。

2011 年 5 月底，在宣布我到西咸新区任职的会上，娄勤俭省长对我说：“你是开辟新战场，奔赴新天地。”并引用《送你一个长安》歌词，“你这是刚刚唱罢灞柳长歌，又掀泾渭波澜。”

陕西粘面

一位身居省级领导岗位的老朋友，工作能力强还多才多艺，干啥啥成。精通文史，出过长篇小说、散文集，写过电视剧央视播出。会做木工，家里大小家具皆出其手，退休后专门搞了一个木工房做木匠活。

其实我最佩服他的还是擀面条。有一年我们同在中央党校学习，周末聚餐他擀面条请大家。他提前两小时和面、醒面。接着做腊汁肉，煮熟捞出切丁。又做了五个干臊子，有荤有素。不一会儿，面擀好，铺在案板上薄厚均匀，无一瑕疵，隔着面可清晰看见木纹。切出面条宽窄长短适度，他讲话，面条太短不行，太长得站到板凳上才能吃到嘴，长短以“举筷齐眉”最好。他说，擀面是个功夫活，和面“放盐不放碱，掺硬要醒软”，陕西粘面（音然面）最讲究的不是筋道 Q 弹，而是“瓤和”“黏糊”的意思。比起岐山臊子面、裤带面，这些年被忽略的粘面才是陕西面条的正宗。过去，陕西人常把人民公社说成“粘面公社”。

面条一上桌，腊汁肉丁抄一勺，干臊子拌上两三样，燣葱花、蒜水、醋汁调上，一搅，果然，一个“粘”字了得！大家都赞不绝口，在座的张海迪封他为“面神”。前几天，我按他讲的要点擀好切好，发图给他，他回复俩字：“上品！”贾平凹、商子雍吃了连连说好，当然也有鼓励成分。

陕西面条讲究“粘”，有些人做官办事也讲究“粘”，陕西俗语“胡粘面馆子”，还有“糨子官”，大概都是这个意思。有人还总结了在陕西做官办事“四字经”——悄悄地，缓缓地，粘粘地，谄谄地（谄、谄和，关中话“好”的近意）。

做菜如做人，地道就好

从 1997 年当雁塔区区长开始，到 2016 年底退出领导岗位，我一直都在各个单位做一把手。我的原则是，尽量放权让其他同志去做事，去负责，唯独职工食堂我过问很细。

我把大部分接待都放到职工食堂。炊事员为了在领导面前露一手，搞点高级食材，做菜喜欢弄点拼花、明油、味精、勾芡之类。我对炊事员说，别把领导当客人，当成家人就好。要家常味，不要“馆子味”。

不让食堂用味精，炊事员受不了，没味精咋做菜呢?还是偷偷放。后来不让财务报销味精鸡精，谁知有的炊事员从家带味精装兜里，炒菜时趁人不备，放少许。

我给食堂推荐了两款包子，一款是清香型：把五花肉白水煮熟，切成小块，加上豇豆角切丁，不放酱油。一款是酱香型：常规的大肉白菜用豆瓣酱拌馅。结果大受欢迎，成了职工食堂保留“节目”。省委书记吃了西咸职工食堂的饭，还让别的单位来学。

做菜如做人，地道就好。

土豆烧牛肉

六十年代，苏共中央第一书记赫鲁晓夫出访匈牙利。他在布达佩斯一所电机厂演讲时提到:“……到了共产主义，匈牙利人民就可以经常吃到 goulash 了……”当时，新华社为如何翻译动了脑筋。如果直译为“古拉西”，中国读者会不知道这是什么东西，但要在后面加上括号注解又太长了。有几个记者吃过这道菜,说不过是土豆烧牛肉罢了。由于《参考消息》每天出版很紧迫，几个编辑商量后决定将 goulash 译为“土豆烧牛肉”。

毛主席那首有名的反修正主义诗词《念奴娇·鸟儿问答》用了这个梗，讽刺赫氏共产主义：“土豆烧熟了，再加牛肉。不须放屁，试看天地翻覆。”

当年学习这段，我想牛肉比土豆难熟，应该是“牛肉烧熟了，再加土豆”，为什么土豆先烧，再加牛肉？百思不得其解。

2014 年访问莫斯科，在两国总理见证下签订西咸新区与俄方共建“丝路中俄产业园”项目协议。在考察合作方莫斯科硅谷斯科尔科沃时，我在职工食堂专门点了一份土豆烧牛肉。服务员先给盘子里放几块土豆，浇上汁，再加上牛肉，一份俄式的共产主义大餐就搞定了。

原来，毛主席此言不虚。

大闸蟹

大约是1998年，我出差上海，住在瑞金饭店。当时已错过饭点，上海同志安排我就餐。虽是一人，也是四菜一汤，地方特色：一小碟响油鳝丝，一小碟鸡毛菜，一小罐狮子头，最后上了一个小蒸笼，揭开一看，一只大红螃蟹。我看了半天，无法下手。根据在宁波吃梭子蟹的经验，管他呢，先掰开再说。

说时迟那时快。正要下手，旁边陪我吃饭（实际不陪餐只陪说话）的上海同志双手扑过来，连呼："不可以这样，不可以这样，这个是大——闸——蟹！"然后不厌其烦，手把手教我先折小腿。嚼完后，用小腿掏大腿，如此这般。再掀壳，拿牙签抠掉中间"法海"，再吃肉、再吃膏……热心的上海同志一边看着我解剖小动物，一边给我讲阳澄湖大闸蟹为什么好——因为湖底是沙子，螃蟹散步要费力气，所以肉质紧绷，肌肉有力；湖浅而平均，阳光能透过水面晒到大闸蟹，湖水深浅刚刚好，大闸蟹的颜色刚刚好……

前边三菜一汤两碗饭五分钟搞定，这一只螃蟹吃了足足四十分钟。看着盘中整齐摆放的壳爪，我很满意，上海同志说：“蛮好蛮好，还可以改进更好！”我说：“不好意思，时间太长了，叫您一直陪着。”上海同志说:“不长不长，我们一只大闸蟹要从北站（火车站）吃到北京呢。”

佩服

我是个挺自负的人，岗位换过不少，事也做了不少。说老实话，同僚里让我佩服的不太多，但是西安市两位局长我是心服口服。

一位是吴局长，几十年来，一路从派出所民警干到市局局长。有一天，一个歹徒身绑雷管、炸药，在钟楼劫持了载有十几名外国游客的旅游大巴，直接开进了市公安局，指名公安局局长陪他到机场乘飞机去北京告状。时任市公安局常务副局长的吴局上车和歹徒谈判，先用自己置换了大部分外国游客，又说服歹徒带着一位外国游客、导游和自己换乘一部运钞车前往机场。吴局一路和歹徒周旋，安抚麻痹歹徒。在老机场高速公路，利用民警制造的堵车时机，他以倒外国游客的小便为由，下车掩护持枪刑警上车，试图击毙歹徒。哪知车内太暗，刑警稍一犹豫，歹徒一把将手枪打飞了。刹那间，三双手同时在空中夺枪。幸运的是，吴局抓住了手枪，并且食指正好扣在了扳机上，瞬间击毙了歹徒。吴局用自己的大智大勇化险为夷，教科书般地化解了这起可能震惊世界的劫持人质大案。

另一位是西安市卫生局秦局长。那年我因骑马摔伤了腿，他跑前跑后安排手术，悉心照顾，因我是市上领导，也并不奇怪。我们宣传部门退休的老部长住院，我去探望，发现也是他在跑前跑后地安排。有一次，部里一位新来的大学生打篮球摔伤住院，我去探望，居然也是他亲力亲为，安排治疗。

大智大勇，关键时刻冲得上，我不如吴局；耐得泼烦，琐碎小事见精神，我不如秦局。

星云法师

2010 年 10 月，我率团赴台湾参加 2010 台北世界花博会时，专程前往佛光山邀请星云法师参加次年在西安举行的世界园艺博览会，星云寄语西安世园会：

我看花，花自缤纷；我看树，树自婆娑；我览境，境自去来；我观心，心自如如。

一花一草都有生命，一山一水都有生机；一人一事都有道理，一举一动都有因果。

法师嘱随访的西安两位女书法家邱宗康、石瑞芳代书刻石世园会，还以“正心仁道”四字赠我。

2011 年 4 月 28 日，星云法师参观世园会后欣然命笔，题写“山水人生”相赠。我一直以为这四字是对我治山治水的褒奖，至今方悟：人生如水，岗位、名利、地位……逝者如斯；人生如山，精神、事业、友谊……永存人心。

蒋孝严先生

2015年清明节是个周末，省台办安排我接待蒋孝严先生。

中午，蒋先生从黄陵驱车来到西咸新区，我先陪他参观了规划馆，介绍了新区大致情况。赶上饭口，就在职工食堂请他一起就餐。职工食堂的蒸老玉米、红薯、土豆、南瓜和小米粥、肉包子使客人吃得高兴。

我问他："今天是老蒋（介石）先生去世四十周年，您怎么跑到西安来了？"蒋先生说："国台办请我清明来祭扫黄帝陵，我十天前已到慈湖拜过老人家了。"

餐后，我陪他考察新区，两人慢慢聊得很开心。我问他："您见过老蒋先生吗？"答："我十八岁在军校校阅时远远望过阅兵台上的他老人家。"我又问："您见过经国先生吧？"又答："经常见，我和他老人家有过工作上的交往。"再问："您见过老蒋夫人（宋美龄）吗？"再答："她老人家到美国时，我正好也在美国工作，但几次机会都失之交臂。”

蒋孝严先生还详细向我介绍了他认祖归宗的过程：“蒋孝武先生曾有意让我和孝慈两兄弟回归蒋家，经国先生去世时，他专门安排，公祭头天晚上让我到灵前祭拜。认祖归宗的事刚提出，孝武先生就去世了，这事就放下了。后来是溪口老家蒋氏宗亲会接纳了我和孝慈两兄弟。”

在沣河大桥上，我对蒋孝严先生说：“我们西咸新区和你们蒋家有关系。”我向他介绍这里是丰镐故地，河的西岸是周文王的都城丰京，东岸是周武王的都城镐京。奉化老屋“丰镐房”应得名于此，老蒋先生在族谱中以“周泰”为名、经国先生的字“建丰”，亦应典出于此。蒋孝严说：“今天在这儿，我搞清楚了一个问题。”

后来，蒋孝严先生专门托人给我送来一本他所著《蒋家门外的孩子》的签名本，同时还有两瓶金门高粱“蒋公酒”。

朱楚珠教授

1982年冬天，有一个“计划生育宣传月”。我作为工作人员随宣讲团下基层宣讲，团长是省政协副主席杜瑞兰，副团长是范明将军夫人、省卫生厅副厅长梁枫，还有一位是人口学家——西安交大朱楚珠教授。当时宣传的主题是“一对夫妻只生一个孩子”。我和朱教授谈了我的调查，一孩政策实施，许多人对将来养老有顾虑，特别是农村。朱楚珠说，按照我们做的人口模型，独生子女是阶段性政策。比如你，现在结婚，生一个，十五到二十年后，就可以放开二胎了，你四十岁左右还可以抓紧再生一个。

回想这段往事，我想如果按朱楚珠教授的设想，二十年前就放开二胎，是不是更好？

赵鼎新教授

我认识赵鼎新教授，是三年前的春天，在沅江桃花源举办的一次理论研讨会上，他的发言给我留下很深印象。在会后的游览途中，我有意识和他走在一起，请教各种问题。在一次照相时，我见他把手搭在年轻女老师胳膊上，爱开玩笑的我也有样学样，笑着说:“和尚摸得，我也摸得。”在大家的哄笑声中，赵鼎新大声说：“她是我老婆！”我的手尴尬得不知放在哪儿。

我很早就知道赵鼎新，他是芝加哥大学社会学教授。由于做宣传工作，我曾看过他的《社会与政治运动讲义》和《论意识形态与政党政治》等著作。

我俩认识后，他时常会把他写的文章发我，如《“创造性破坏”与“垫背陷阱”：美国的性质与中国的应对》《民主的生命力和局限》《国家合法性和国家社会关系》《关于改变我国防疫策略的建议》等文章，还寄给我他过去的著作《儒法国家:中国史论新论》和《什么是社会学》的签名本。他的文章不是从概念到概念的学究式研究，而是特别注重对现实问题的关注，这都是一些真问题、好问题。他擅于用社会学理论去分析这些问题，并提出解决问题的相应对策。比起一般的理论文章，多了一些针对性和对策化；比起一般的调研报告，又多了一些学理性和学术味。

我的社会学界的朋友说，赵鼎新是一个自负的人。我看了他的文章、著作后，觉得他是有资格“自负”的。

在桃花源的那个晚上，我从酒店出来，看到月光下一对璧人手拉手漫步，仔细看，那是赵鼎新和他年轻的妻子孙研菲。我大声喝道：“好一对神仙眷侣！”这回尴尬轮到了赵鼎新，他连忙抽出了手，藏在了身后。

平凹画马

都知道平凹文章好，其实平凹的字也不错，字好意思更好。他很少题写现成诗文或“业精于勤”“难得糊涂”之类俗语，往往别出心裁，出人意表。

八十年代，他的字还不值钱，我俩刚认识，他书写“平常心”三字赠我，当时他连个印都没有，就用毛笔随手画了一方阴文印。后来我到浐灞工作，他题写了“水养浩然气，灞上敢为雄”勉励我。我将“灞上”二字刻在灞河右岸。我退休后，平凹又题写“共事大气度，处人真面目”赠我，字、意都不俗。当然，平凹的字也常常引起争议，到底是名人书法还是书法名人，各有说法。喜欢的人，爱死了；不喜欢的人，也爱死了——值钱。

平凹的画更有意思。早在我当宣传部部长的时候，有一次开大会，遇上空洞无聊的发言。主席台上，有人正襟危坐，有人昏昏欲睡，唯贾平凹作认真记录状。左顾右盼的我搭眼一望，他在画美人图，技法稚拙，形很传神。

其实，他的画颇得中国文人画真传，意蕴惊人，我很喜欢。一次他在“上书房”茶酒招呼我，茶是土茶，酒是土酒。三巡过后，平凹异常大方，说：“这屋里的画，你挑一幅。”我不好意思选大的，就挑他书柜里放的一幅巴掌大的《一根线》，他说：“不行，这是代表作，不能送人。”我说：“你照着画一幅给我。”他说：“这画是一时兴起，画不出来了。”我又挑了一幅观音，他说：“这不给，这是纪念我母亲的。”我找了一幅《古松石佛》，他又说：“这是展览用的，不成不成。”选来选去，都各有原因不能给，我只好说：“你看着给吧，你自己挑一幅烂的给我就成。”他翻来翻去，最后真选出一幅“烂的”，画在从纸箱随意撕下的瓦楞纸板上，瘦马只一匹，字数倒不少。

题款照录：“吾于庚辰年偕爱侣十月到苏州，忽来兴趣遂于礼盒皮上画马，自觉满意，在场者有邢庆仁、马河声、炳生诸友。画成窗外阳光普照。平凹在苏州小食街素汉堂茶楼上吃工夫茶也。”

幸福指数

2016 年 7 月在《财经》未来城市峰会上，大家谈到了当时的热点——宝能收购万科事件。关于王石，三人各讲了一个故事。

王　军：2004 年，我问王石、冯仑、胡葆森，各在自己公司占股多少。答曰，胡 100%，冯 30%。王石不答，却让我猜。我从 10% 说到 1‰，他还说多了，实际只有 7‱。冯仑说，但我们三人的幸福指数刚好相反。

港铁中国 CEO 易珉：保姆千辛万苦将孩子养大，野蛮人来了，要给强行带走。保姆不允，但又没户口。

冯　仑：坏人找了十个姑娘强迫拉客，又威胁又讲道理。九个从了，一个跳楼——道理都懂，不同的是信念和性格。

还有两次与国际友人的对话，谈到了生命和生态。一位是奥利弗·斯通，他是美国著名导演兼编剧、制片人，当年荣获四项奥斯卡奖的战争片《野战排》就是由他执导的。他说，在这部电影中，有50%的情节为他本人亲历。我问他：“你杀过人吗？”他略为迟疑后回答：“Yes，所以我反对战争。”

另一位是在2015年4月15日，日本前政要河野洋平来访，我在接待他的时候，提到过环境治理的话题。他说：“日本当年为了提高稻米产量，大量使用化肥和农药，致国鸟朱鹮灭绝，这是日本现代化的悲剧之一。”

溪山之憾

煤挖得差不多了，矿也该停产了。煤老板老柳舍不得一起创业的这帮兄弟，就有了转型搞旅游的想法。

市委郭书记找到我，说老柳精神可嘉，给他出出主意，把好事办好。我就召集了一众专家朋友去现场考察，有西安美院郭院长、国画系主任，有东南大学建筑学院院长、民宿专家张雷，还有旅游专家叶一剑。

矿区位于耀州照金，这里曾是陕甘刘志丹红军的起家之地，曾有“南有瑞金，北有照金”的说法。

老柳带我们一行人走进一个叫绣房沟的山谷。山谷不深,约莫一个小时就可走到谷底。谷中乔灌杂生,奇石遍布。两边山势奇特，一座座山头几乎就是一块块巨石，中间大两头小，既有秦岭的伟岸险峻，又有桂林山水的奇崛秀美。让人叹为观止的是，两侧崖壁大大小小瀑布数以百计，虽然已是阳春四月，冰瀑奇观依然随处可见。行至谷底，两山并峙，一线天间泉水汩汩涌出，沿着山谷，时而蜿蜒静流，时而奔腾激荡。郭院长惊叹：这不正是范宽《溪山行旅图》和《雪景寒林图》的实景吗！

宋代山水画一代宗师范宽正是耀州人。虽说是“搜尽奇山打草稿”，但家乡的山水潜移默化影响着他的创作，是他艺术灵感不竭的源泉。

大家都很兴奋，这山谷同时具备红色旅游、人文山水、地质地貌、山林野趣和避暑休闲的种种元素，具有原真性和唯一性，真是发展旅游的好地方。大家谈了好多想法：建议把“绣房沟”改名为“溪山胜境”;旅游开发要按照“尊重自然，可逆发展”的原则，尽可能不动或少动山水植被，设施少用水泥多用木材，体现宋代木结构建筑的风格；在旁边矿区建设国画小镇，成为美院写生实习基地……

老柳也很高兴，请大家在职工食堂吃大肉包子，大家吃得赞不绝口。

半年后，老柳请我再去看看。

看到门口大牌楼上“绣房沟”仨字被我建议的“溪山胜境”取代，还挺高兴。没想到一进山谷，水泥路、水泥房，路两边新种了整齐的柳树，下边是稀稀拉拉的格桑花……

最让人不能容忍的是，原本自由奔放的溪流，被清除了山石，用水泥砌成了儿童戏水池。

我破口大骂，扬长而去。

大包子也没吃。

金陵记游

每到金陵，必访紫金山，诸多名胜皆重游。值此端午佳节，承友陈俊盛意，下榻紫金山怀抱之中山陵五号。小馆茶饮，山林夜游；拜明孝陵，谒孙权墓；观梅花山，探紫霞湖不得，至流徽榭听松，怡然忘机。

次日，游兴不减。中山陵游人如织。逆人流行至东侧灵谷寺左近，林深人稀。松林中耸立汉白玉石碑，书“云谷深松”。友人抚碑曰，近日为襄盛事，碑体清洗一新，不复往昔苍苔斑斑。

沿碑后小道，拾级而上，茂林间有抚廊牌楼，亭台华表，巍然高台之上，谭延闿之墓。

谭延闿真乃中国传统文人理想化身：书法文章一流，科考得中会元，从军号令天下，弄权位极人臣。

姚广孝塔

2021 年 9 月 5 日，周末雨霁，与友人夫妇同游京郊姚广孝塔和常乐寺。塔院摘桃分食，口感尚佳。未名荒冢紫色牵牛花点缀其上。

与友人读《明史·姚广孝传》。姚传仅千字，述其一生，波澜壮阔，功过是非，一览无余，可谓惜字如金。而涉及细节，则不惜笔墨："访其友王宾，宾亦不见，但遥语曰：和尚误矣，和尚误矣。"——"两句'和尚误矣'，切切形象，跃然纸上"，余此点评，友人颇以为然。

常乐寺在塔西侧一小村庄。村东西两门，直冲对应，石条修筑，皆有语对。杜老师说："东西门可直冲对，而南北门则不可。"

常乐寺虽皇家名寺，但略显破败。寺内住一河南僧人，一女居士。庙门上不知何年写上毛主席语录："下定决心，不怕牺牲，排除万难，去争取胜利！"

这耳熟能详的大白话写在庙门上，倒是颇具偈语机锋。

铜川印象

其实，铜川并不像她的名字那么硬朗而工业化。奇特多姿的自然风光,融入中国山水画鼻祖范宽《溪山行旅图》,香山观音祖庭、玉华宫玄奘译经、药王山孙思邈，以及照金老区这些具有唯一性、至高性的人文特色,使其更具魅力。当然对我来说，寻找少年时代的记忆使铜川之行多了一重意义——我在西安中学上学时下乡劳动的小丘镇白家河村，就在铜川市耀州区。当时所住的窑洞，还是我们亲手挖的。

陈经济的“经济”

我退休后，有一次和组织部门老领导聊天。

老领导说：“组织部门任用你之前，对你的看法是不懂经济。因为你的专业背景是学文的，没在企业和经济部门工作过，也没搞过技术和管理。没想到你把雁塔、浐灞和西咸搞得不错。”

我说：“你说的那个‘经济’，和我理解的那个‘经济’不太一样。我理解的那个‘经济’，是要回归经济的本义——经世济民。对了，就是《金瓶梅》里西门庆女婿陈经济名字的那个‘经济’。”

节约

节约——韩城梁带村出土的四通和三通铜管，用来连接、节制、约束马匹的缰绳，因此叫“节约”。后来衍生出节制、俭省的意思，本义倒被“节约”了。

说到节约，我倒想起一个曾经的熟人——景兄，他是八九十年代中央大报驻陕记者。六七十年代他在陕西师大念书，别人成立战斗队，他也拉起了战斗队。大联合成立革委会，因为他的战斗队人少被忽略不计，没进班子。老兄一怒之下写了一封举报信，反映一些单位借成立革委会之机大操大办，提出不但要按照毛主席指示，“节约闹革命”，而且要“进一步”节约闹革命！这里的“节约”，就是普遍意义上的了。

超车

很久以前有一天，我开车上班行经东三环，突然一辆轿车从里道横切三个车道高速超车，吓得我连点刹车才没撞上。随后，我加快车速，跟着这车，没想到一直跟进了浐灞管委会地库。那车停进车位，我就把车停在他车头前，半天那年轻人才下来。看我生气的样子,他知道自己闯了祸。我问他是哪个部门的，他答是世园会筹备某部门，并解释，我不知是超了您的车。我厉声说道，你不遵守交规，不珍惜别人的生命，也不珍惜自己的生命，你被开除了！小伙子吓得快哭出来，连说我再也不敢了。

我看着他窘迫的样子，没绷住严厉的表情，笑场了。我找了个台阶说，你吓了我一跳，我也吓你一跳。

任哲中

有次去乾县，在路边一家泡馍馆就餐，见门楼上挂着红色横幅，上边写着：隆重庆祝任哲中老先生为我店题词“越吃越香”一周年！——任哲中在秦腔界是神一般的存在。

但我不认识任哲中，也没看过他演戏。

1995年一天，我路过省戏曲研究院家属院，堵车。一看，半个巷子都是郊县农村赶来的群众，有的举着任哲中的剧照，有的抬着花圈，有的披麻戴孝。

巷子里搭了简易戏台，群众演员唱起任哲中的经典哭戏《周仁回府·哭墓》的一段，一人唱，万人和，许多人唱得泪流满面。

我才知道，任哲中不在了。不禁让人想起任哲中的父亲，看了儿子在《周仁回府》中的演出，曾笑叹一声：“我将来死了，这狗失的能不能哭得这么伤心？”

一声叹息。

进步的本质

2010年前后，受中国足球发展基金会邀请，我曾多次到某边远地区考察青少年足球运动。走了许多中小学，每所学校都有漂亮的体育场，红色的塑胶跑道、绿色的人工草皮给人留下了很深的印象，漂亮的校舍、明亮的课堂也夺人眼球。看着校园里干净卫生，带有抽水马桶的厕所，这让我当场想起了一些关于厕所的往事。

1976年冬天，我第一次去这个地方。当时，他们的公共厕所是两层房子，人在上边房子的木板蹲坑方便，“遗物”便直接落在下边房子的地面上，堆积如山，冻成冰坨子，堆到一定程度，由工人用铲子清理出去。

不由想到友人傅光收藏日本明治维新时期出版的《日用百科·国民之宝》，介绍中国人用了“忍艰耐辱”四字，可谓入木三分。鲁迅留学日本时一定深深感受到他者对国人的评价，他对国民性的揭示亦可用“忍艰耐辱”一言以蔽之。

大约在九十年代初，我八岁的外甥小小随他妈妈从西安到德国生活。有一天，他妈妈被德国的学校告知，小小被其他学生家长投诉，他向小朋友散布“恐怖信息”：刚刚能用德语交流的小小，向小朋友讲起了他国内小学的“趣事”——学校的厕所（旱厕）里有很多“小动物”（他不会讲德语的蛆虫），上厕所时“嘎吱、嘎吱”踩死了许多——这样的“恐怖信息”，真让人哭笑不得。

但是，改革开放这么多年，不要说城市，就像我说过的那个边远地区，旱厕也早已成为历史，抽水马桶成为寻常之物。这样看似不起眼的变化，还有许多许多。正是这些微观的变化，体现了中国进步的本质。

热情的哲学　冷峻的诗

文怀沙先生某日接到他儿时朋友、九十一岁的林北丽的电话，说自己癌症晚期，不久于世，最后一个愿望就是，死前能看到文先生给她写的悼词，死而无憾。文先生夜不能寐，连夜写了一首长诗《神州有女耀高丘——献给林北丽的悼词》。

在西安，他专门为我读了一遍。这首诗深深打动了我，我认为这是关于生死问题的最好答案。我讲了自己的看法，文先生鼓励我写下来。于是我很快写了自己的诗评《热情的哲学 冷峻的诗——文怀沙诗“献给林北丽的悼词”鉴赏》。文先生看后，当即拨通了他太太的电话，对着电话朗诵了两遍。后来，我去看望抱恙垂危之人时，总会带着文先生这首诗和我的诗评，给对方以心灵的安慰。

原诗和我的诗评如下：

神州有女耀高丘

——献给林北丽的悼词

文怀沙

生，来自偶然
死，却是必然
偶然是有限
必然是无限
一滴水如想不干涸
最好的办法是滴入海洋
时间无头又无尾
空间无边又无际
从个人到人类
乃至我们居住的地球
所占据的时空都十分有限
因而我们所知也都十分有限
我们不知道的领域却是无限
对于无限我们理应敬畏
劳我以生，息我以死
生不足喜，死不足悲

不必躲避躲不开的事物

用欢快的情怀，迎接新生和消逝

对于生命来说，死亡是一个陈旧游戏

对于个体而言，却是十分新鲜的事

科学最高峰通向哲学

哲学最高峰通向宗教

因而，人类最高的学问

是谦虚和无愧，善良和虔诚

我童年时代的伙伴

今年九十一岁的林北丽哟

想不到你竟先我而行

无论先行、迟到都应具备安详的心态

生命不能拒绝痛苦

甚至是用痛苦来证明的

死亡具备疗治一切痛苦的伟大品质

请你在彼岸等我吧

我们将会见一切生活中忘不了的人

他（她）们之中至少有我们共同的朋友

其中包括柳亚子、陈仲陶、林庚白、小高……

如果死亡是黑暗，可以武断：黑暗后面必然是光明

北丽哟，林隐哟，童年时代的朋友
我的小老友或老小友哟
一百年才三万六千天，你我都活过了
三万天，辛苦了，也该休息了
结束这荒诞的有限
开始走向神奇的无限
只要想通这浅显的道理
我们就顿时进入了极乐世界
乖乖的，九十岁的林妹妹（柳亚子这样称呼您）
听我的话，不要哭
但不妨流一点幸福的留恋生命之泪
那是照耀心胸的阳光
我不送你了，请为我祝福
让我将手头的工作妥善完成
属于我的工作，也是属于你的工作
那是我们遗赠给我们子孙的啊
天上降下的林妹妹哟
你理该回归天堂，祝你一路平安
我不会死皮赖脸的老是贪生怕死

别忘了，用欢笑来迎接我与你们重逢

2006年9月14日子夜灯下

于北京云何孤寂斋

热情的哲学　冷峻的诗

——文怀沙诗《神州有女耀高丘》鉴赏

王军

诗是爱情、友情、亲情郁结的牛黄，
诗是才情与激情的私生子。
顿悟是掉在智者脑袋上的苹果，
而彻悟则是哲人信手拈来的花朵。
哲学是昂首探索着无际天空的山峰，
诗则是奔腾不息的河流，
俯身浸润着苍茫的大地。
文怀沙先生献给林北丽的悼词，
用诗的语言阐释着人生的哲理，
用哲学的思想演绎着爱情、友情和亲情。
将情与理，

这文化地球的两极，
完美地统一在五十五行诗中——
生，来自“偶然”，
死，却是“必然”。
“偶然”是“有限”，
“必然”是“无限”。
一滴水如想不干涸，
最好的办法就是溶入海洋。
“时间”无头又无尾，
“空间”无边又无际。
从“个人”到“人类”
乃至我们居住的地球……
所占据的时空都十分有限，
因而我们所知也都十分有限，
我们不知道的领域却是无限。
对于“无限”，我们理应“敬畏”。
劳我以生，
息我以死；
生不足喜，
死不足悲。

不必躲避躲不开的事物，

用欢快的情怀，

迎接“新生”和“消逝”。

对于生命来说，

死亡是一个陈旧游戏；

对于个体而言，

却是十分新鲜的事。

科学最高峰通向哲学，

哲学最高峰通向宗教，

因而，人类最高的学问是谦虚和无愧，

善良和虔诚。

恕我大段引用文诗，

因为我手中笨拙的剪刀无法面对天成的云锦。

这充满激情的诗行，

竟阐释着哲学的基本命题

——人从哪里来，

到哪里去。

“To be, or not to be”，

“生或者死”，

这哈姆雷特式的提问，

多少哲学家穷其一生探究的基本命题，
在文诗中阐释得淋漓尽致，
给人以通达、豁然开朗、云开雾散的感觉。
结束这荒诞的“有限”，
开始走向神奇的“无限”，
只要想通这浅显的道理，
我们就顿时走入了“极乐世界”。
乖乖的，
九十一岁的“林妹妹”（柳亚子这样称呼你）
听我的话，
不要哭。
但不妨流一点幸福的留恋生命之泪，
那是照耀心胸的阳光。
面对着病笃的友人，
流逝的岁月，
诗人吟唱着送行的挽歌，
袒露出的是绵绵的情，
淡淡的悲，
是对远行者轻轻的抚慰，
更像是壮行的酒。

文怀沙先生对我说过，
“痛苦是生命的证明
死亡是痛苦的解脱
所以，痛苦和死亡都是快乐的理由，
我们应当坦然地接受。”
只有站在哲学的高峰上，
才能洞见这些浅显而又深邃的道理。
先生用诗的语言，
回答了浩如烟海的哲学著作，
都不能完全解答的问题，
读后犹如面壁十年，
一朝顿悟。
文怀沙先生献给林北丽的悼词，
短短的五十五行诗，
就像一幅山水画，
既涌动着诗的激流，
又屹立着哲学的山峰。

上半场的结束是下半场的开始

大家上午好，我因为年龄的关系，到了任职的界限。我愉快地服从组织的安排，离开西咸新区党工委书记的职位。今后和大家在一起的机会不多了。

随着今天西咸新区党工委书记任期的结束，我的职业生涯进入了最后阶段。今后一段时间，我还将继续履行第十三届全国人大代表的职责、省委委员和省人大常委会委员的职责。这些任期到明年初就基本结束了，很快会为我的党政领导干部生涯画上一个圆满的句号。所以我特别想利用这个机会，讲一些心里话。

第一，感谢各级党委多年来对我的长期教育和培养，感谢省委对我工作的全面肯定和褒奖。我把这看作不是我个人的荣誉，而是省委对我们西咸团队的肯定和褒奖。

第二，我借此机会特别感谢西咸的班子、感谢我们的团队、感谢西咸的每一位员工，是他们在这五年中给予了我极大的支持、帮助和包容，我在此向全体同志表示感谢！

同时，我还想感谢我们所处的伟大的、变革的时代，这个时代赋予了我们施展才华、实践理想、建功立业的舞台和大的机遇。如果没有这个时代，我们不管有多大的本事都会一事无成。我的三十多年的职业生涯，从事党政领导工作，基本上是处在一种建设的氛围、改革的氛围、变革的氛围中的，所以特别幸运，有机会施展才华、实践理想。这个时代也使我们有机会在这个舞台上，代表这一代人，为这座城市留下浓墨重彩的一笔。

我在这儿有一个感想，就是一个人要有所成就，需要三个条件：顺应时代、组织信任和团队支持，三者缺一不可。

我觉得我很幸运，得到了这一切。

回顾我的职业生涯，主要是这样几个阶段：上大学以前当过两年的机修钳工。最大的收获就是感觉到“创造才是工作的意义和价值”。大学毕业以后，我在市委宣传部做理论研究和宣传工作八年，有了较好的理论基础和坚定的政治信仰。其间，在周至山区做过乡的主要领导。之后在省委办公厅做过两年领导同志秘书，又在中央纪委短暂工作一段时间。

1992年以后，我在碑林区委任副书记，后来又兼任政法委书记，在这个岗位工作了四年。紧接着在雁塔区任区长、区委书记八年半。2002 年任市委常委后，先后兼任过区委书记，浐灞书记、主任，市委宣传部部长。2011 年后任西咸新区党政企主要领导。

可以说，我在中国的各级机构，从中央机关、省级机关、市级机关、区级机关、乡镇机关以及开发区都工作过，很幸运。在雁塔区工作的八年中间，我把中国历代乡村治理和乡规民约制度的成功经验与党的基层组织建设相结合，总结推广了雁塔基层组织建设的范式，在党建领域有一定影响。我认为，在当前习总书记更加重视党建的情况下，这个范式仍然有很好的现实意义。中央党校为此邀请我讲座并编了两本书，一本是《雁塔乡村治理》，一本是《让大家评评理——雁塔乡规民约评议制度述评》。

在雁塔区工作期间,我在地方政府中首先倡导实践“大水大绿”理念。在整个发展乡镇企业、经济大干快上的潮流和大环境下，雁塔区第一个在全市建设了杜陵万亩都市森林，被誉为“东方大遗址保护案例”。治理浐河污染、建设浐河雁鸣湖湿地，第一次把湿地的概念引入了西安的城市建设，这都是在我的主导下建成的。之后，我负责组建了西安市浐灞生态区，提出了“生态治理带动城市开发、城市发展支撑生态建设”的开发范式。在浐灞工作期间，成功申办并举行了被世界园艺博览会主席称为“历史上规模最大、最成功的一届”世界园艺博览会，为我们这座城市增添了荣誉，推广了西安绿色生态的城市形象。

我在任职西安市委宣传部五年期间，提出了“华夏故都，山水之城”的城市推广语，致力于推广西安现代、时尚、文明、绿色的城市理念。

在西咸新区这五年，我们践行“创新城市发展方式”的目标和理念，得到了习总书记的认可和肯定。

简单回顾了一下我的职业生涯，觉得很荣幸，有这样的机会，和大家一起做了一些创造性的、创新性的工作。

另外，我在力所能及的范围，在我工作期间，做了不少和职务有关的社会工作，推出了几部在国内外获奖的电影和电视剧，作为宣传部部长，出席过国际电影节，这也是党政干部很难得的机会。

我担任过陕西省足球协会主席，主导浐灞足球俱乐部，取得了陕西足球史上最佳成绩：中超联赛第五，足协杯第四，全运会金牌。十一届全运会就是因为足球这个计划外的金牌，使陕西的金牌数创了历史新高——刚好多了半块。

通过这些有意义、有意思的工作，极大地拓展了我的工作范围和视野，也极大地丰富了我的职业生涯。所以我说，我很幸运，我的职业生涯经历了由乡镇到区县、到市、到省、到中央机关各个层面，有长达二十多年主要领导岗位的历练，同时还有党委、政府、开发区和企业的工作历练。组织给了我比别人更多的施展抱负和才华的机遇，才能有如此丰富多彩的人生。

特别感谢组织的长期培养和重用，感谢同志们的支持与帮助，感谢这个时代。这一切和这三点都是分不开的。

这两天在我的朋友圈有两件事，和我的免职有点巧合。一个是冯仑昨天专门讲“开场”和“收场”，讲开场不易，收场更难，建议退下来的人减是非、要自由、要健康。我觉得他讲得很好，深有同感，好像是对我讲的，我今后要实践这三句话。

另外一件事，是孙继海前天宣布退役。孙继海作为中国足球最成功的球员，在退役之前华丽转身，成为体育自媒体 App 的创始人。我给他发了一条微信：“上半场的结束是下半场的开始。”其实这不仅是对孙继海说的，也是在勉励我自己。

没有什么比一纸免职公文更能提醒自己已告别了主角，离开了舞台中心这个事实。

此刻，我一则以欣慰，一则以感伤。

欣慰的是，西咸的事业前途光明，总书记寄予厚望，省委把建设大西安现代化新中心的重任赋予我们这个团队。我们的团队更加成熟、更加坚强。对此，我深感欣慰、如释重负，可以潇洒地转身离去，真正做到“挥一挥衣袖，不带走一片云彩”。

感伤的是，离开了朝夕相处、情同手足的战友，离开了为之奋斗、为之奉献、为之倾注心血和感情的事业，离开了几十年已经适应、已经习惯的有压力、快节奏、有责任、有成就感的工作岗位，难免会有小小的失重感、失速感。当然还有些许对以往的过失、差错的负疚和遗憾——

俱往矣！

我心中永远留存的是对组织、对同志们的感念之情和美好的回忆。

对我来说，上半场结束，同样意味着下半场的开始。我虽然离开了主要领导岗位，但我会在未来，从另一个角度继续为我们共同的事业献智出力、加油喝彩！继续为陕西发展做出自己的贡献！继续完善、丰富自己的人生旅程！

谢谢大家。

2016 年 12 月 13 日

后记

午夜时分，做了一个梦。

梦见大学编排话剧，约定演出三分钟不吸引人，大家就轰下去。

第一出叫“美女和婴儿”：戏台上一盆水，或是一美女将要洗澡，观众充满期待；或是婴儿不见了，剩下了洗澡水，观众留下了悬念。主角迟迟未出，一盆水成了主角。

第二出叫“其实你并不重要”：一医生、一病人、一细菌。医生抓细菌，病人吓得乱跑，细菌从病人身上掉下，被医生抓到。医生手舞足蹈，病人庆幸逃脱。医生对病人说，你只是宿主，其实你并不重要。

猛然醒来，回味梦境，觉得有趣，抓过手机匆匆记下。

我从来没写过剧本，只是最近准备把记录自己职业生涯的小作文整理出版。想了几个题目，自己都不大满意，如《非典型官场生涯》《从政随笔》。在我看来，从政大约是一次无剧本出演，有大逻辑，没有固定模式，要靠演员在大逻辑框架下临场发挥，甚至编写剧本，自导自演，设计场景，以及台词，才能演好角色。

我的职业生涯大约有二十年在做主官。铁打的衙门流水的官，人一生能当一任地方主官，是极大的机遇和福分。有的人懂得并珍惜，有的人不懂而糟蹋。政声人去后，民意闲谈间。官声这东西，不在档案里，不在媒体上，也不在选票中，实实在在在老百姓心中。做主官从另一个方面看，众星捧月之下,容易形成“被重要”的感觉,随便说几句就是“重要”讲话、“重要”指示。回顾我近四十年的工作经历，基本上都是在一种建设的氛围、改革的氛围、变革的氛围中从事党政工作，特别幸运，有机会施展才华、实践理想。梦中的两段剧情像是冥冥之中的提醒，不管你曾经有过什么优秀的业绩、出彩的演出，你只不过是顺应了时代的大逻辑，重要的是恰逢这个时代。对人生来说,有趣的经历比意义重要,如那洗澡水。个体的你，其实并不重要。

近百篇小作文，记录下自己的过往，记录下有趣的人，有趣的事，有趣的风景，纪念这个时代，纪念自己的青春，结集为《无剧本出演》。

2024 年 12 月 31 日